El aroma del mastranto

FRANKLIN A. DÍAZ LÁREZ

A mi hija ANA CRISTINA

ÍNDICE

VIERNES 02 DE MARZO DE 2.012

Carta de despedida. Precauciones sobre lo que me espera.
Nervios. Preocupaciones.

Querida Dafne:

Ayer cuando llegué a casa del colegio, a la hora de la comida, mi padre me tenía la sorpresa de que nos íbamos a Venezuela, que ya tenía los billetes del avión comprados y las maletas preparadas. La noticia me tomó por sorpresa; no me lo esperaba. Ya se me había hecho un poco extraño verlo arreglando tantos papeles y documentos estos días pasados, pero no quise preguntarle nada. Él siempre anda con sus cosas, y yo con las mías.

No sé si sabías que nací allá, en Venezuela. Mis padres me trajeron cuando aún no había cumplido un año de vida. A mi padre lo invitaron de una universidad en la que estudió, a dar una conferencia sobre inmigración. También va a dar una charla y a presentar ese nuevo libro suyo "El Cambio", que tanto éxito de ventas está teniendo. Que sepas que gracias a él hemos visitado siete países distintos estos últimos dos años, alguno de ellos, como Estados Unidos y México, hasta en dos ocasiones distintas.

Nunca me imaginé que mi padre pudiese llegar a ser una celebridad tan grande en tan poco tiempo. Tampoco es que me queje. La vida nos cambió para mejor. Pudimos hacer por fin esos cruceros de lujo por el Mediterráneo y por la Costa

Africana que tanto queríamos, y comprarnos el piso propio en Madrid, donde nos mudaremos en unos años, cuando me toque ir a estudiar a La Complutense.

Mi padre ha querido aprovechar esta oportunidad para llevarme a conocer por fin los lugares donde nací y viví cuando aún era una bebé. Es un viaje que hacía mucho tiempo quería hacer. Una deuda pendiente.

Siento mucho que no hayamos podido reunirnos antes de irme. Quisiera que me despidieras del resto de las chicas. Mi padre habló con la profesora para justificar mi ausencia de estos próximos quince días. Prometo escribirte lo más seguido que me sea posible para irte contando qué tal ha sido la experiencia.

Nada me hubiese gustado más que llevarte conmigo, pero eso es algo que escapa a mi voluntad. Si es cierto eso que dicen de que el espíritu sale del cuerpo cuando uno está dormido, te suplico que trates de venir a estar conmigo. Por mi parte, te prometo que procuraré hacer lo mismo. No creo que cuando tu vayas yo venga, porque con la diferencia horaria entre ambos países, mientras tu duermas yo estaré despierta, y viceversa. En todo caso, si nos encontramos por el camino, mucho mejor.

Creo firmemente que no es lo mismo andar con mi padre que contigo. Él es un hombre adulto, de treinta y cinco años cumplidos el febrero pasado, que tiene su particular forma de ver el mundo muy distinta a la mía, a la tuya, a la nuestra. Es posible que mientras uno vaya envejeciendo, el mundo lo haga también, o que quienes envejezcan sean nuestros pensamientos, nuestra particular forma de verlo todo. No lo sé. Ya sabes que cuando no sé algo lo especulo. Tengo ese pequeño defecto.

Si vinieras conmigo tendría con quien comentarlo todo. Hay cosas que no podría comentar nunca con mi padre. Primero está el tema de mi forma de pensar de niña, muy complicado para ser entendido por él. No lo juzgo por ello. Es probable que con el paso de los años, alguna extraña deficiencia genética nos borre del cerebro la capacidad virtuosa de pensar como niños. Quien consiga descubrir la cura contra esta aberración debería ganar un Nobel. Sería uno de los mayores aportes hecho nunca a nuestra decadente raza. Quién sabe cuántos suicidios podrían evitarse. Quizás sea allí donde se encuentre la fuente de la eterna juventud. Luego está el tema del sexo; como hembra que soy, nunca podría ver las cosas igual que un varón, pensar como piensan ellos, sentir como sienten ellos.

El destino ha querido mantenerme atada a mi padre en esta vida en común, pero una cosa son los cuerpos, y otra muy distinta, las mentes. La mía anda libre por sus propios senderos, descubriendo nuevos caminos, nuevas rutas de escape, la suya sufre del encasillamiento propio de los recuerdos pasados que atormentan a todo viejo; de la forma dogmática con la que nuestra cultura lo ha obligado a ver el mundo. Sus años de resistencia ideológica ya pasaron, los míos apenas comienzan. Yo aun estoy a tiempo de luchar, él ya se ha entregado, se ha dado por vencido.

Decirte que me siento ligeramente intranquila, nerviosa, aunque a la vez, emocionada y con muchas expectativas. Mi padre ha dicho que no puedo llevar mis prendas, ni mi ordenador, ni el móvil, ni nada de valor visible. En estos doce años que llevamos viviendo en España, nunca he vuelto a Venezuela, por lo que no tengo idea de cómo será aquello. Lo poco que conozco es por las cosas que me ha dicho mi padre; que es un país grande, tan grande como el doble del tamaño de España, aunque con menos de la mitad de su población; que tiene todos los tipos de climas, desde los fríos en los Andes hasta los muy cálidos de los Llanos y del Oriente; que tiene recursos naturales y minerales de todo tipo, pero sobre todo petróleo; que tiene zonas inmensas de playas y costas; que tienes cientos de ríos de todos los tamaños; que hay gente buena y gente mala, como en todas partes; etc.

Mi padre me ha prevenido que nunca me separe de él, que no hable con desconocidos, que no mire cuando me miren, que no me fíe de nadie. Dice que voy a conocer una forma de cultura muy distinta a la mía, por lo que debo procurar abstenerme de prejuzgar sin conocer. Que me prepare a conocer un país con una inmensa conflictividad social y política. Un país con una sociedad enormemente dividida, sumida en el caos, en la anarquía, y en la que el fanatismo político y las luchas por el control del poder están causando verdaderos estragos.

Tantas precauciones me tienen un poco intrigada, y quizás, un tanto atemorizada también. Confío en que con mi padre cuidándome nada malo pueda ocurrirme.

Lo único que me preocupa es que vamos dejar a Cusi sola en el apartamento. Espero que no se deprima por nuestra ausencia. Quizás, estos días de encierro en soledad le hagan reflexionar sobre su conducta, sobre sus errores, su malcriadez y mimería, su vida futura, su destino en este planeta, etc. Le hemos dejado suficiente comida en un cuenco grande, agua en una ponchera y muchos juguetitos para que se entretenga, para que no se aburra. Siento una gran pena de no poder llevarla con nosotros. Me hubiese gustado que todo el mundo viera lo linda que es mi gatita.

Pero a Tobi, mi desgastado y viejo oso de peluche, no pienso dejarlo. Tiene muchos años a mi servicio como animal de compañía, guardián de mis sueños, receptor de mis aromas y almohada en caso de necesidad. Él conoce a la perfección las formas de mi cuello, tanto, que creo que sin él no sería capaz de conciliar el sueño.

Estamos en contacto.

Un saludo.

SÁBADO 03 DE MARZO DE 2.012

Aeropuerto y avión. Incidentes en Barajas. Discusión sobre los valores y costumbres del venezolano. La gorda pedorra.

Querida Dafne:

Te escribo desde el avión que nos lleva a Venezuela. El vuelo dura nueve horas, aproximadamente. Antes, nos vimos forzados a venirnos en un vuelo desde Tenerife a Madrid de dos horas y media de duración, porque no conseguimos vuelos directos desde Tenerife a Caracas.

Aun no hemos llegado a Venezuela, y ya tengo algunas anécdotas que contarte.

Cuando estábamos en la fila esperando para embarcar, en el aeropuerto de Barajas, en cuanto anunciaron el momento del embarque, la gente se arremolinó y se apretujó en la puerta de forma desordenada. Hasta aquí ningún problema. En más de una ocasión he visto gente arremolinarse y apretujarse en entradas de sitios y no ha pasado nada. Pero en esta ocasión, algo curioso llamó poderosamente mi atención. Una señora que también esperaba para embarcar, un tanto alterada y en forma despectiva dijo en voz alta:

«Un poco de respeto por favor que aún estamos en España. ¡Como se nota que somos venezolanos!»

En ese momento, mi padre y yo intercambiamos miradas en silencio, y él me guiñó un ojo en señal de complicidad en la sorpresa.

Unas chicas que también estaban en la cola reconocieron a mi padre y se acercaron a saludarlo.

—Perdone..., ¿no es usted el autor de "El Cambio"?

Mi padre, siempre cortés, asintió con una sonrisa.

—Me llamo Nathalia —dijo la misma chica—. Me he leído todos sus libros. Podría decirse que soy una de sus fan. ¿Nos permite una fotografía?

—Claro... —dijo mi padre.

Seguidamente se colocó en medio de cuatro mujeres, todas ellas jóvenes y guapas, mientras que uno de los chicos del grupo les hacía la foto con su teléfono móvil. Se trataba de un grupo numeroso. No sabría decir cuántos eran, porque algunos estaban en la cola y otros se salieron con la excusa de la foto.

«¡Qué fuerte tía! —escuché cómo le decía una a la otra—; esto no me lo van a creer»

—¿De viaje a Venezuela? ¿Va a presentar su libro? —le preguntó otra de las del grupo.

—Soy de allá —dijo él—, y sí..., efectivamente, voy a presentar mi libro, y también voy a dar una conferencia en la Universidad Santa María, de Caracas.

—¡Qué sorpresa! —dijo otra de las chicas—; estaremos pendientes para ir a verle. Tengo una hermana que estudia derecho y economía en esa Universidad.

—Muchas gracias, nos veremos entonces —dijo.

Luego, me tomó de la mano para avanzar hacia el mostrador, donde una chica de uniforme azul, joven y muy guapa, estaba chequeando los billetes.

Una vez en nuestros asientos del avión, y antes de que el avión despegara, la tal "Natalia" se acercó hasta nuestros asientos y le entregó a mi padre un ejemplar de su libro "El Cambio" pidiéndole si le podía hacer el favor de dedicárselo. Mi padre accedió de buena gana, como no podía ser de otra manera.

La azafata se acercó para pedirle que volviese a su asiento, porque estaban haciendo el recuento de pasajeros y a punto estábamos de despegar. En cuanto mi padre le devolvió el texto dedicado, regresó a su lugar, no sin antes darle las gracias y hacerle una mueca sensual con los ojos.

Mi padre le sonrió de vuelta.

—Ya se puede decir que eres famoso —le dije.

—Pues sí. La verdad es que yo mismo estoy sorprendido. Nunca me esperé tener tanto éxito por unas cuantas ideas escritas.

El avión era enorme. Con una inmensa fila de asientos en el medio, de los de cinco puestos, y una a cada lado de las ventanillas, de los de tres. A mi padre y a mí nos tocó solos en unos ubicados al lado de las ventanillas, un poco antes de llegar a la mitad.

—Te quería comentar también —le dije—; sobre la señora de antes, la que regañó a los de la cola. Qué grosera, ¿no te parece?.

—Pues sí, creo que tienes razón. Un poco insolente sí que ha sido. Pero bueno, en todas partes hay gente así —dijo.

—Ya..., es que insultar a todo el mundo por igual no es que sea algo que me parezca muy bien que digamos. Además, considerar que todos los venezolanos sean iguales...

—Creo que su problema es que piensa que si las personas son de un determinado lugar, ya por ello están marcados para comportarse de una forma en particular.

—¿Y no es así? —le pregunté.

—Creo que no. Yo no lo veo así.

—¿Cómo lo ves tú?

—Pienso que si las personas se comportan de una forma o de otra no es por el hecho de que sean de aquí, de allá o de más allá, sino porque en el sitio dónde se encuentren se cumplan o no las normas.

—¿Qué dices? ¿Qué normas ni qué niño muerto? —le dije, haciéndome la sorprendida.

Me hizo una mueca cómica con la cara, en señal de que le parecía graciosa mi pregunta. No me preocupé en explicarme. Lo conozco bien para saber que había entendido perfectamente lo que le quería decir.

—Te voy a poner un ejemplo —dijo a continuación—. En Venezuela hay muchos que tienen la costumbre de ir con sus coches a las playas, montarlos sobre la arena, muchas veces a la orilla misma del mar, poner la música a todo lo alto que dé el reproductor, y consumir todo tipo de bebidas alcohólicas. ¿Por qué crees que lo hacen? ¿Porque son venezolanos? ¿Porque son diferentes al resto de los habitantes del planeta tierra? ¿Hay un gen en particular que los llevé a comportarse así, a ser así?

—Pues..., no lo sé.

—Ya..., pues yo pienso que no, que no es por nada de eso. Si así fuera, cuando uno de esos venezolanos que se comporta de forma inapropiada sale de su país, seguiría actuando de la misma forma indebida que cuando está en él, y la experiencia demuestra que no es así. La razón del comportamiento erróneo no está en su "condición de venezolano", sino en la ausencia en su país de normas que se cumplan. Y fíjate que he dicho: "En la ausencia de normas QUE SE CUMPLAN", porque el problema no es que no hayan normas, sino que las que existen, se cumplan.

—¿Y qué pasa?, ¿que acaso en Venezuela no hay suficientes leyes?

—No es eso. Quizás, en Venezuela existan normas similares a las de otros países en cuanto a cómo debe ser el comportamiento de los ciudadanos en las playas, pero la diferencia con los demás está en que en los otros países esas normas se cumplen, y en Venezuela no.

—O sea, que es un tema de cumplir o no cumplir, de hacer o no hacer.

—¡Exacto! Aunque, obviamente, este tipo de cosas no ocurren solo en Venezuela, no te vayas a confundir en eso. No hay país del planeta en el que las normas se cumplan por todos sus ciudadanos. En la misma España, por ponerte un ejemplo, puedes ver que en Andalucía hay una zona de playa en la que cada año se dan cita cientos de jóvenes universitarios del Reino Unido, que van a consumir licores, drogas y sexo libre. "Turismo de borrachera" lo llaman.

—Si, lo he visto por las noticias.

—Ok..., ¿por qué crees que no les ponen un freno?

—No lo sé papá, soy una niña aun. No me esfuerzo en buscarle la razón a todo.

—Perdona cariño, no te quiero agobiar...

—No, si no se trata de eso, es que me preguntas cosas que me dejan en el aire. Dímelo tú, contéstame tú la pregunta.

—Pienso que en ese caso en particular, ocurre que el dinero que aportan esos chicos que van a hacer "turismo de borrachera", le viene bien a los dueños de bares, hoteles y chiringuitos.

—Ya..., o sea que en ese caso no es que no haya normas que se cumplan, sino que algunas veces las normas que todo el mundo cumple, "algunos" las incumplen. Vamos, que se las pasan por donde mejor les parece.

—Exacto. Ahí ves tú cómo, aun siendo España un país que presume de tener un elevado nivel de cumplimiento de sus normas, en ese caso hacen un poco de la vista gorda por el puro interés económico.

—Ya veo.

—¿Se comportan igual esos jóvenes en su país? ¡No!, porque si lo hacen son sancionados.

—Entiendo. Yo he visto también por las noticias que hay quienes se lanzan de los balcones a las piscinas.

—¡Exacto!, ese es otro ejemplo. Cada año hay más de un muerto por esa práctica absurda. Pero eso es parte de lo mismo que venimos hablando. Es una consecuencia de ese turismo de borrachera.

—Y tú..., en tu juventud ¿no hiciste cosas así?

—Por supuesto que no; ¡las hice peores!

Ambos reímos.

—Es algo normal, entre comillas —siguió diciendo—. La juventud es la etapa más loca de nuestras vidas, aunque, sin lugar a dudas, la mejor.

—Ya..., y volviendo al asunto de las normas en Venezuela, entonces... ¿allá no se cumplen?

—No se puede decir eso de forma tan tajante. Por supuesto que hay normas que se cumplen. No se trata de cumplimiento o incumplimiento, sino de niveles, de grados, de medidas. No existe un solo país del mundo en el que no haya niveles de incumplimiento de las normas. En todos, en mayor o menor medida, se cometen delitos, faltas e infracciones. En todos hay homicidios, violaciones, secuestros, robos, etc. Esto es algo inevitable y que nadie nunca podrá erradicar totalmente. Es consubstancial con la naturaleza humana. Quien piense lo contrario es que no vive en este planeta. Y yo no soy una persona que guste de afirmar o de negar con rotundidad, pero en este caso, no tengo la menor de las dudas.

—O sea que se trata entonces de una cuestión de niveles. Los países que están mejor son aquellos en los que los incumplimientos son menores, es decir, que hay menos delitos, menos faltas.

—¡Claro!. Te voy a poner otro ejemplo, esta vez de algo que yo vi con mis propios ojos cuando viví en Caracas, la capital de Venezuela. Ocurre que en uno de sus municipios, conocido con el nombre de "Chacao", una vez ganó las elecciones para alcaldesa, una chica guapísima, que había sido miss universo. Se llamaba Irene Sáez. Esta chica implementó una serie de normas en su municipio, de obligatorio cumplimiento. Para ello creó un cuerpo de policía municipal bien pagado, formado por profesionales, como debe ser, y uniformado impecablemente con unos uniformes azules y grises y un sombrerito blanco del que todos comenzaron a hacer burla.

—¿Qué normas? ¿Cuáles fueron las normas?

—Nada fuera de lo común. Solo las que ya estaban establecidas, como por ejemplo la obligatoriedad de usar el cinturón de seguridad, la obligatoriedad de los motociclistas de llevar el casco puesto, la obligatoriedad de los coches de respetar los semáforos y pasos de peatones, y otras similares.

—¿Y entonces, qué pasó? ¿La gente le hizo caso? ¿Comenzaron a cumplir las normas?

—Pues sí. Como cosa insólita, y para descrédito de sus críticos, esta alcaldesa logró, en muy poco tiempo, que cada vez que algún motorizado circulara por su territorio, se pusiese el casco; que los conductores y peatones respetasen las normas de circulación; y en fin, que la gente cambiase su actitud mientras se encontraba en ese Municipio.

—¡Qué bien! Así debería ser en todas partes.

—¡Exacto!, así debería ser en todas partes, pero no es así. Cuando la gente andaba por ese municipio se comportaba de una manera, pero era increíble ver de qué forma cambiaban cuando andaban por cualquier otro lugar de Caracas. El cambio era abismal.

—¡Qué barbaridad! ¿Y no conoces otro caso que me puedas poner como ejemplo?

—Si, alguno más conozco. Otro ejemplo es el del Metro de Caracas. Antes de la inauguración, se pensaba que los venezolanos iban a manifestar comportamientos inadecuados en las estaciones y trenes por su mal hábito de ser irrespetuosos con las normas, pero, ocurrió todo lo contrario. Todos se comportaron de manera respetuosa. Aunque, obviamente, alguna que otra excepción siempre hubo, y la seguirá habiendo.

—Ya... Entonces, ¿cuál es la causa de que en un país haya mayores niveles de incumplimiento de sus normas?

—Pienso que no hay solo una razón, sino varias; ausencia de autoridades competentes, desorden y caos en los cuerpos policiales y judiciales, corrupción generalizada, ausencia de valores, etc.

—Pero tú, particularmente ¿crees que haya alguna que tenga más influencia que otra?

—Puede ser la ausencia de un gobierno estable, aunque creo que se trata de la suma de varias causas y no solo de una.

—Y la gente..., ¿crees que piensa como tú?

—No lo sé. Es probable que si preguntamos por allí, la mayoría diga que la falta de valores en la principal causa de los males de una sociedad, pero, yo pienso de manera muy diferente. Por mucho que la gente tenga buenas intenciones, por muchos buenos valores que profese, por muy modélicos ciudadanos que sean, si viven en estados anárquicos, caóticos, desastrosos, donde cada quien esté legitimado para hacer lo que venga en gana sin que sus conductas indebidas tengan mayores consecuencias que las del propio peso de su conciencia, difícilmente los valores tendrán alguna utilidad. En ese tipo de sociedades siempre termina por imponerse la ley del más fuerte, que por desgracia siempre es el más bruto, el más necio, el más grosero.

—¿Qué es eso de valores?, ¿qué son los valores?

—Veras... —dijo acomodándose a su asiento—, los valores son lo que la sociedad, en su mayoría, estima como bueno, como correcto, como lo que debe ser. Por contra, los "anti - valores" vendrán a ser lo contrario, es decir, lo que la mayoría consideramos que no debe hacerse, que es malo, injusto.

—¿Por ejemplo?

—Ejemplo de valores serían el amor al prójimo, el respeto a los mayores, la amistad verdadera, la no discriminación, la bondad, la solidaridad con los más necesitados, el altruismo, etc. Y ejemplo de anti - valores sería todo lo contrario, es decir, el odio y el desprecio por el prójimo, el maltrato gratuito a los mayores, la falsa amistad, la discriminación, la maldad, el ensañamiento con los más débiles, la falta de solidaridad con los más necesitados, el egoísmo, etc. ¿Te das cuenta de que la mayoría consideramos que los primeros son buenos y los segundos malos?

—Claro...

—El problema radica en la relativización.

23

—¿Qué es eso? ¿Un trabalenguas o algo así?

—No..., por favor... —dijo, con sorna—. Me refiero a la situación de los valores en uno o en otro lugar. Es decir, que muchas veces, dependiendo del lugar del planeta en el que uno se encuentre, lo que es un valor en una parte no lo es en la otra, o lo que se considera un anti - valor, no se le considera tal en otros lugares.

—Ahora sí que me perdí —dije confusa.

—Te pongo un ejemplo sencillo. En los países árabes de religión musulmana radical, se considera un valor la sumisión de la mujer al hombre; mientras más sumisa es, más valor tiene como persona. En España, por contra, esto se considera un anti - valor, es decir, una cosa que está mal, que no debería ser. Lo que en España ven como valor es la libertad y la igualdad de la mujer ante el hombre, mientras que eso, en los países árabes de religión musulmana radical, es un anti - valor.

—¿Quién tiene la razón entonces?

—Allí está el problema. Para mí, que tengo una formación cultural occidental, en este caso concreto, la razón la tienen los españoles, pero para un musulmán radical, los equivocados somos nosotros.

—¡Qué enredo!

—Ya..., todo está en la formación cultural de cada quien. Es de allí que parte la forma de ver el mundo de cada quien. Piensa en los terroristas que estrellaron los aviones contra las torres gemelas de Nueva York y en aquellos que los justificaron. ¿Qué tendrían en la cabeza? ¿Qué concepción del mundo tan radical es aquella que lleva a la gente a cometer actos de semejante magnitud?

También puede ocurrir que lo que en una misma sociedad se haya considerado como un valor en una época, con el paso del tiempo haya dejado de serlo. Es el caso del pudor, por ponerte un ejemplo. En España, hasta hace no muchos años la gente se bañaba en las playas casi como los musulmanes; vestidos de cuerpo entero. Ahora no. Ahora hay hasta playas nudistas. Familias completas se bañan total y absolutamente desnudas y sin ningún tipo de vergüenza. El pudor dejó de ser un valor para convertirse en lo contrario, en el anti - valor.

Dicho esto, ambos nos quedamos pensando en silencio durante un largo rato. Luego, mi padre se acomodó lo mejor que pudo en su butaca, se colocó un antifaz tapaojos, y se echó a dormir.

Durante varios minutos estuve dándole vueltas en la cabeza a lo que dijo.

«La gente se porta mal por la ausencia de normas que se cumplan»

Puede ser que por el hecho de haber estudiado derecho en su juventud, siempre ande relacionándolo todo con las normas, con las leyes

«Hay que cumplir determinadas normas para que la cosa funcione» —suele decir.

Sus palabras permanecieron retumbando en mi conciencia como un eco que se resiste a desaparecer.

¿A que no sabes lo que pensé? Me vino a la mente el bebé de la anciana de la película de dibujos animados "El viaje de Chihiro" de Hayao Miyasaki, que cuando estaba con ella en el castillo era un niño terriblemente malcriado, y sin embargo, cuando salió de allí convertido en una ratita era un verdadero encanto; un amor y una dulzura. ¿Será eso lo que le pasa a los venezolanos, que cuando salen de su país se transforman? ¿O será, como dice mi padre, que el problema no es de las personas, sino del lugar en el que se encuentran? ¿Eres lo que eres por el lugar de dónde eres o por el sitio donde te encuentras? ¿Y por qué tienes que ser siempre algo, o alguien? ¿No se podría pasar por la vida sin ser nada?¿Cómo podría saber yo qué valores tengo? (Si es tengo alguno).

Dice mi padre que los valores son lo que la mayoría de la gente ve como bueno, como lo que "debe ser". Si hay algo que me guste mucho, mucho, mucho, pero la mayoría no lo ve bien...; ¿será eso un anti - valor? ¿Importa más lo que piense la gente que lo que pensemos cada uno de forma individual? ¿O es que hay dos formas pensamiento; una individual y otra colectiva?

Quizás sea cierto lo que dice él de la "relativización". Obviamente no será lo mismo para un homosexual desfilar el día del orgullo gay en Madrid que salir del armario en Irán o en Irak.

Ni te imaginas lo que sucedió a continuación.

En ese preciso momento, mis profundas meditaciones filosóficas se vieron abruptamente interrumpidas por el ataque de un anti - valor que viajaba con nosotros en el mismo avión.

Al otro lado del pasillo, una gorda culona se acababa de tirar un pedo. Se movió ligeramente y tosió para no nos diésemos cuenta, pero sus falta de escrúpulos había sido más que evidente. La sangre me subió repentinamente a la cabeza, la respiración se me hizo corta, y el corazón comenzó a palpitarme con mayor intensidad.

Me sentí tan disgustada, que en mi imaginación me puse de pié, fui caminando hasta su lado, la tomé de las solapas de su chaqueta, la traje ante mí poniendo su nariz casi pegando a la mía, y furiosa, le dije:

«Disculpe usted, indiscreta señora. Mucho sabría agradecerle que se abstuviese de continuar emitiendo flatulencias sonoras por su cochino culo. ¿O es que acaso usted se piensa que los que viajamos aquí no tenemos también un orificio como el suyo, que de igual manera expulsa gases fétidos, pero que por gracia y por elegancia y por el respeto que nos merece el resto de pasajeros, mantenemos herméticamente cerrado? ¿Piensa usted, en medio de ese sueño que finge, que no hemos notado los temblores sonoros de sus nalgas? Que sepa que por mucho que haya tosido y se haya removido en su asiento, el desagradable sonido de su acto obsceno, ha llegado con insufrible nitidez al oído de todos los viajeros, incluido el capitán, que ahora mismo revisa en el manual de normas aéreas cuál será la mejor forma de sancionarle a usted.»

«¿Qué se habrá creído la gorda guarra esta?» —pensé.

Lo peor de escuchar a otro expulsar una flatulencia, es el tiempo de espera hasta que te llega el aroma a la nariz. Es un tiempo en el que sufres en silencio con inconforme resignación. Te juro que si hubiera podido, me hubiese lanzado en paracaídas. En aquel momento me vino a la mente la famosa frase de Estela Reinolds:

«¡Qué ataque más gratuito!»

Fuimos las víctimas indefensas de un brutal y despiadado ataque sonoro - olfativo.

«¡Qué horrible es mi vida!» —pensé.

Bueno amiga, me despido por ahora. Perdona el atrevimiento por haberte hecho padecer de los mismos agobios a los que la indecente y pedorra gorda me sometió. Cuando estemos en Venezuela te escribiré nuevamente.

Saludos.

LUNES 05 DE MARZO DE 2.012

Llegada a Venezuela. Primeras impresiones. Los cerros y los pobres. Breve recuento de la Historia de Venezuela. La Independencia. Las dictaduras del siglo XX. El Caracazo. El intento de golpe de estado del 04 de Febrero. El indulto a los sublevados. El apoyo popular a los insurrectos. Confrontación de ideas entre defensores y detractores de Hugo Chávez. Sucesos del semáforo. Alegoría del Vientre de la Ballena.

Hola de nuevo amiga:

Ya estamos en Venezuela e instalados en Caracas, la capital, en el piso donde vamos a pasar esta semana. Luego nos iremos al interior del país, al oriente, a visitar la ciudad de Maturín, donde nacimos mi padre y yo, y donde tenemos la mayor parte de nuestra venezolana familia.

El próximo miércoles mi padre dará una de sus conferencias aquí en Caracas, en la Universidad Santa María, y el viernes presentará su libro y dará una charla en la sede de la Biblioteca Nacional. Luego, en la ciudad de Maturín, está invitado para presentar y firmar su libro en la sede del Colegio de Abogados.

Ya han pasado dos días desde mi última carta, y tengo un montón de cosas que contarte.

El día de nuestra llegada al aeropuerto de Maiquetía, a media hora de Caracas, la primera impresión que me llevé fue tremenda. ¡Todo el aeropuerto estaba tapizado de pancartas, afiches e imágenes de Hugo Chávez! Es el presidente actual del país. No pasaría de ser un dato simplemente curioso, de no haber sido por las inscripciones y leyendas que se podían leer al pie de las imágenes. Te digo algunas para que te hagas una idea de la razón de mi asombro.

Una decía en letras bien grandes:

"Chávez: ¡El pueblo te ama!"

Había otra, en la que salía Hugo Chávez en medio de un corazón gigante que ponía:

"Chávez: ¡Corazón de la patria!"

Otra decía:

"Chávez: ¡El comandante supremo, por siempre y para siempre!"

Tanto mi padre como yo nos quedamos sorprendidos. Al resto de la gente que venía en el avión no pareció llamarles la atención aquello. Es probable que ya lo tuviesen muy visto; que estuviesen acostumbrados.

Mi padre, acercándose a mi oído, dijo en voz baja:

«Observa y calla hija. Cuando estemos en España ya comentaremos con suficiente calma los detalles de este viaje».

Yo solo atiné a asentir con la cabeza.

Las luces del interior del aeropuerto se me antojaron opacas, amarillentas, lúgubres. No sé si en realidad eran así, o fue una impresión producida por mi imaginación. Quizás, se tratara de una visión causada por la sensación de saberme en un lugar distinto. No lo sé.

A la salida del aeropuerto nos esperaba una delegación de la universidad en la que mi padre dará su conferencia de esta semana, compuesta por cuatro funcionarios administrativos y seis estudiantes de la facultad de derecho. Tenían instrucciones de ponerse a nuestra disposición para realizar nuestros traslados hasta el apartamento donde pernoctaremos estos días, arrendado por la universidad, y cualquier otra cosa que necesitásemos.

También vino a recibirnos Gustavo, uno de los dos hermanos mayores de mi padre; Jorge Sáez y Mildred, amigos de la juventud de mi padre; y Judith, una chica que en cuanto lo vio casi se desmaya de la emoción. Aparentemente, ha estado enamorada de él desde que se conocieron siendo ambos muy jovencitos. Por entonces, él estudiaba en un instituto nocturno en el que ella trabajaba como secretaria. Era una mujer guapísima y muy elegante. Alta, de piel de color canela, más o menos el metro ochenta, delgada, de pelo negro liso y muy largo, y ojos marrones muy oscuros. Un poco mayorcita; cuarentona tal vez. Aun y cuando estaba felizmente casada y con dos hijos mayores que yo, no resistió la tentación de acudir sola, sin su familia, a reencontrarse con el que dice haber sido "el único y verdadero amor de su vida"; mi padre. No es algo que se lo ande diciendo a todo el mundo por allí, y parece lógico que así sea. Se supone que es un asunto del que solo sabe él y los amigos que vinieron a recibirnos, que también la conocen desde esa misma época.

Mi padre me dijo que no conoce el por qué cierto de ese sentimiento, porque jamás le dio ni tan siquiera un simple beso, ni le mostró interés alguno. Siempre la respetó como a todos sus amigos de la época y la trató como a una más, aun y cuando conocía bien de sus sentimientos hacia él. Gracias a internet, poco meses atrás, ella lo encontró en la red, y volvieron a retomar el contacto; casi veinte años después.

El grupo de chicos y chicas con los que antes se había fotografiado mi padre en el aeropuerto de Barajas, se acercó a despedirse de nosotros amablemente, prometiendo volver a vernos el próximo miércoles, día fijado para la conferencia de mi padre en la Universidad Santa María. Era una comitiva de diez personas. La verdad es que todos me cayeron muy simpáticos, sobre todo la tal "Natalia". Se notaba que era una de las más extrovertidas del grupo. Fue la primera en acercarse a nosotros en el aeropuerto, la que le pidió a mi padre que se tomasen juntos la fotografía, y la misma que, en el avión, se nos acercó para pedirle que le dedicara el libro firmado. Era una chica muy guapa y risueña. De estatura media, cara redonda y pequeña, ojos negros y saltones, piel muy lisa, y sobre todo, tremendamente femenina. Su forma de caminar era sensual, erótica. Quizás fuera por los taconazos que llevaba puestos, que le hacían mover el culo con cada paso. Al despedirnos, me dio un beso y un abrazo grande. Me dijo que era bienvenida a mi tierra. Que ella no era venezolana, sino panameña, pero que se sentía tan venezolana como el que más.

Los representantes universitarios comprendieron que era preferible dejarnos a solas con nuestros familiares y amigos, por lo que decidieron marcharse por su cuenta, no sin antes dejarnos las llaves del apartamento y sus teléfonos de contacto para cualquier cosa que nos hiciese falta.

Después de los abrazos, los besos, las obligadas fotos de la llegada, y la despedida de la comitiva universitaria, nos fuimos todos al apartamento que nos tenía reservado la universidad. Se trataba de un piso muy lujoso, con varias habitaciones amplias, aire acondicionado integral, totalmente alfombrado, jacuzzi en los dos baños, televisores, electrodomésticos, muebles de lujo, etc. Un servicio de catering, atendido por dos camareros muy elegantes, nos tenían preparada una comida y unas bebidas para celebrar nuestra llegada. Un pequeño autobús de lujo, propiedad de la universidad, servía de transporte a la comitiva académica, mientras que por otro lado, Jorge, el amigo de mi padre, había pasado a por los demás por sus casas para venir a recogernos al aeropuerto en un solo coche, una especie de furgoneta grande en la que cabíamos todos perfectamente.

La llegada de nuestro avión al aeropuerto de Maiquetía fue a las ocho de la noche pasadas. Entre la aduana, el recoger de equipajes y los saludos con quienes nos esperaban, se nos hicieron casi las nueve.

Para que te hagas una idea de las personas con las que estábamos, te las voy a describir brevemente.

Jorge, el amigo de mi padre, era un hombre adulto, rondando los cuarenta años, según mis cálculos. Sus ojos eran grandes. Su piel, de color claro. Tenía el pelo y los ojos de color castaño oscuro. Su tamaño era similar al de mi padre; poco más del metro setenta. La calva ya le asomaba ligeramente, aunque de forma distinta a la de mi padre, que es como la de los monjes de clausura; con un hueco en la coronilla donde se colocan los casquetes los judíos. La suya le iba por los lados. Su forma de hablar era pausada, serena, sin sobresaltos. Su lenguaje era exquisito, muy elegante. Subía una ceja para hablar, lo cual le añadía un toque de elegancia a sus expresiones. Además, mientras hablaba, gesticulaba continuamente con la cabeza meneándola de lado a lado, y movía las manos y los brazos con frecuencia, aunando sus expresiones verbales con las corporales. Supongo que viéndolo hablar, un sordo se preguntaría a qué se debía que bailara tanto aquel hombre, que se contoneara de aquella manera. Provenía de una familia humilde y sencilla del Oriente de Venezuela, que vivía en un poblado conocido con el nombre de "Carutico", en el Estado Anzoátegui.

Mildred, la esposa de Jorge, era una mujer alta, mucho más alta que él. Le llegaba un poco más arriba de los hombros. Su piel era de color canela oscuro. Siempre estaba sonriendo. Era muy amable y cordial. Nada más me vio, y sin conocerme, me dio un abrazo gigantesco, un beso en la mejilla, y un apretón que me dejó sin aire. Me dijo que mi padre era para ellos como un hermano, por lo que, en consecuencia, yo debía considerarme su sobrina. Se parecía a Jorge en lo pausado, en lo tranquila, en lo serena. La familia de Mildred era caraqueña.

Mi padre me contó que Jorge y Mildred tenían dos hijos ya mayorcitos; un varón y una hembra, de dieciséis y veintitrés años respectivamente. "Jorgito y Juniera", se llamaban. Que era gente noble, buena, y quizás, sus más grandes amigos. Tenían una apartamento en Caracas. Eran los propietarios de una fábrica de artículos para la higiene personal (jabones, champús, acondicionadores, etc.). También eran los dueños de un parque acuático; un centro de atracciones con decenas de piscinas y toboganes de agua. Con ello les habían dado trabajo a todos los habitantes de Carutico, el poblado donde Jorge nació y en el que tenía su asiento el complejo acuático de ocio. Mildred también era enfermera, y trabajaba eventualmente en uno de los hospitales caraqueños.

De Judith, ya te comenté como era. Solo añadirte que tenía un tono de voz un poco chillón, como cantado, y que era muy elocuente, muy vivaz.

Gustavo, el hermano de mi padre me impresionó enormemente. Aun y cuando ya lo había visto por fotos y en videos, nunca me imagine que se le pareciera tanto. Y no se trataba solo de un parecido físico, sino también, y lo que es más sorprendente aun, de un parecido gestual. Sus gestos eran casi idénticos. Su manera de caminar, de inclinar la cabeza cuando hablaban, de gesticular con las manos y con los brazos, de reírse, de hacer mímicas, etc. Todos sus gestos eran casi calcados. También, ya les asomaban los primeros síntomas de las calvas que iban a tener, y ambas eran idénticas; a lo "Monje Franciscano", a lo "Benedictino". Otra cosa que los asemejaba eran sus cuerpos; ambos eran del mismo estilo de gordo; fuertes y sin barriga, de brazos y piernas anchas y macizas, y cuello escaso. También me atrevería a apostar que eran del mismo tamaño. A estas alturas estarás pensando que son gemelos, pero no; no lo son. Nacieron muy cerca el uno del otro; con tan solo diez meses de diferencia. A poco más de un mes de haber nacido Gustavo, su madre quedó embarazada de Franklin, mi padre. De allí que haya unos días en el año en los que ambos tienen la misma edad, los mismos años cumplidos. Es el período que va desde el 26 de Febrero, día en que nació mi padre, hasta el 01 de Abril, en el que nació el tío Gustavo.

Mi padre me contó que de sus dos hermanos, era con Gustavo con quien había estado más unido desde siempre. Fueron tres hermanos; Amílcar, el mayor; Gustavo, el intermedio, y Franklin, mi padre, el menor. El más mimado de los tres fue mi padre. Probablemente, aquello se debiera precisamente a eso; a su menor edad. En el período de sus infancias, la mayoría de las atenciones se centraban en él, los mimos, los arrumacos y los cuidados. Pero aquello tenía una pequeña desventaja, y era que Amílcar, el mayor, se celaba en silencio, y siempre estaba maquinando la forma de cómo hacerle maldades, de cómo hacerle pagar por ser el causante de las desatenciones propias. Su problema estaba en cómo pasar desapercibido. En el momento menos pensado, le tiraba de los cabellos por la zona aledaña a las orejas, donde más duele; le bajaba los pantalones; le metía la pierna para hacerlo caer; le ensuciaba la ropa recién vestida; le rompía los juguetes; le quitaba o le escupía la comida; etc. No lo tenía fácil. Era aquella una difícil tarea, porque al niño no le faltaban protectores. Estaba su madre, su abuela, sus dos tías, sus tres tíos, y sobre todo, el mismo Gustavo, que "no le quitaba el ojo de encima", como se suele decir. Hasta cuando dormía, Gustavo cuidaba de su sueño para que no lo despertasen.

Desde muy pequeñitos, cuando mi padre comenzó a gatear, el tío Gustavo le acompañó y le cuidó de las caídas y de los golpes. Le enseñó a jugar con sus propios juguetes. Llamaba a los mayores para que no lo dejaran atrás; «Esperen al nené; esperen al nené...» —gritaba con insistencia. Lo llevaba de la mano cuando aprendía a caminar, le daba la comida de su propio plato y con su manito, lo ayudaba a vestirse, muchas veces con sus propias ropas, etc. Hacía de aquella devoción, imágenes de ternura que a todos encogían el corazón. Bueno..., a casi todos, porque para Amílcar aquello no eran más que "mariconadas de niños mimados", de las que, obviamente, nunca participó. «De seguro que estos iban a nacer hembras, o van a ser maricas de mayores» —se decía siempre a sí mismo con rabia contenida.

Mi padre nunca entendió aquella animadversión de su hermano mayor hacia ellos, mas, no hizo nunca ningún intento por buscarle el sentido. Simplemente, pasó su infancia apegado a su hermano Gustavo, y viceversa. Les era muy difícil permanecer separados. Donde iba uno el otro le seguía. De lo que comía uno, le daba al otro. De lo que bebía uno, bebía el otro. Compartían la ropa, los juguetes, los útiles escolares, las horas de sueño, los gustos por las comidas, por las chicas, por los programas de la televisión, etc. Es mucho más que probable que a eso se deba que, habiendo superado ambos los treinta y cinco años de edad, sigan siendo tan parecidos.

Aunque unidos estrechamente desde su infancia, como la uña y la carne, mi padre y su hermano Gustavo siempre fueron de caracteres muy diferentes. Gustavo era tímido, emotivo, sentimental, de llanto fácil. Franklin era dominante, de carácter fuerte, sagaz e inteligente. En los grupos en los que participaba, bien en el colegio, bien en el barrio, destacaba por su don innato de mandar, de ser el coordinador de todo, de querer ser el jefe. Tenía una capacidad innata para el liderazgo, tanto así, que cuando estuvo en edad de andar por las calles, se hizo con la jefatura de las pandillas del barrio donde vivían, aun y cuando en aquellas participaran jóvenes mucho mayores que él. Resultaba a lo menos sorprendente ver cómo el chico más joven de la banda era el dominante, el que repartía los grupos a la hora de jugar, el que salía de primero cuando surgía alguna eventualidad, el que encabezaba y dirigía los grupos de patinaje, etc.

Ninguno de los tres hermanos se tomó nunca las cosas de la misma manera. Cada uno veía al mundo de una forma muy distinta. Cuando había una situación difícil, un problema, un drama, Amílcar se abstenía de tomar partido, era ambiguo, vacilante, irresoluto, equívoco. No gustaba de complicarse la vida, prefería no intervenir. Gustavo, por su parte, se evadía, huía, se escondía, usaba la técnica del avestruz, que entierra la cabeza en la tierra para no ver lo que pasa. Mi padre, por el contrario, era muy diferente. Hacía frente, atacaba. Era decidido, agresivo, acometedor. Quizás, sea esa la razón de que él haya sido quien mayores castigos haya sufrido en su infancia; por su condición de terco, de dominante. Su madre no era precisamente una persona que gustase mucho de que la contradijeran, al contrario. Mi padre sabía de sobra que tenía que andarse con cuidado con ella, porque era la única con la que no podía discutir. Sentirse contradicha y soltar una bofetada iban de la mano. Y le daba igual el lugar en que estuviesen, ya fuera en público o en privado. No perdía su tiempo explicando el por qué de las cosas; eran así porque ella lo decía y punto. No daba el menor de los márgenes para la discusión.

Ya en su edad adulta, y cuando su madre ya no pudo seguir imponiéndoles sus criterios con violencia, la relación entre mi padre y ella fue de constante confrontación. Todas sus vidas estarían destinadas a vivir enfrentados en una continua y persistente contradicción dialéctica. Mi padre fue para ella mucho más que un castigo divino. Su anormal forma de querer imponer siempre su razón se encontró en él con la horma de su zapato. Si ella había sido la más terca de entre sus propios hermanos, y la que desde siempre impuso sus criterios en su casa por la fuerza, con violencia, mi padre vino a convertirse en el vengador justiciero de sus malsanas imposiciones. Y no era que no la respetara como su madre que era, sino que no toleraba los razonamientos impuestos con la fuerza, con la violencia. Y en eso, para su desgracia, su madre era la número uno, la mejor.

Mi abuela fue una mujer de carácter muy duro, muy severo, y hasta cruel, brutal y despiadado en ocasiones. Creía que todo se podía conseguir a través de la violencia, de la fuerza física, de la imposición agresiva. Disfrutaba enormemente cuando imponía sus castigos, y cuando veía a otro imponer sus razones a la fuerza. No era amiga de las mimerías, de los arrumacos ni de los besuqueos. Odiaba las demostraciones afectivas de contacto físico. Se justificaba diciendo que, al tener que criar ella sola a sus tres hijos, su deber era hacer de ellos unos hombres "hechos y derechos". En el fondo, lo que ocurría es que era una mujer tremendamente homofóbica. Sentía asco, repulsión, deprecio por los homosexuales, no así por "las" homosexuales. Veía bien una relación entre dos mujeres, no así entre dos hombres. Era una machista consumada; partidaria de la sumisión de la mujer al hombre, de que los hombres le pegaran a las mujeres, que las castigaran cuando les pusieran los cuernos, cuando se portaran mal. Aborrecía el cine. No podía entender cómo la gente podía sumergirse de manera tan dócil, tan sumisa, a los cuentos fantásticos e imaginativos de otros. Nunca iba a misa, aunque tenía su particular forma de creer en Dios, en lo divino. Su temperamento era tremendamente fuerte, imponente. Sus hijos, o mejor dicho, sus subordinados, tenían que ser sumisos, obedientes, y en ningún caso, deliberantes. Se justificaba diciendo siempre lo mismo; que teniendo que criar a sus tres hijos varones sola, cualquier demostración de flaqueza podría hacerles perder el respeto hacia ella. De allí que considerara que siempre debía mantenerlos sometidos, subyugados, dominados. Que esa era la única manera de que no se le rebelasen, de que no intentaran someterla.

Había un poderoso misterio que explicaba, en parte, sus actitudes violentas, su carácter ácido, irascible, indoblegable, pero mi padre nunca no me lo había querido revelar. Cada vez que me contaba alguna anécdota suya terminaba diciendo: «Sus razones tenía para ser así...», pero no me decía cuáles eran. Mas, me había prometido que en este viaje me iba a desvelar el enigma, que me iba a contar todo lo que quisiera saber de su familia sin ocultarme nada, sin dejar cabo suelto, como se suele decir. También me había prevenido sobre lo fuerte que serían sus revelaciones, que debía estar preparada psicológicamente para las cosas que me iba a contar, para todo aquello de lo que me iba a enterar.

La abuela de mi padre, por su parte, decía de él, desde muy niño, que muy probablemente sería abogado de mayor, porque tenía el desagradable hábito de querer ganar en todo. Y la verdad es que tuvo razón, porque fue la primera carrera que estudió y el primero de sus títulos universitarios. Nunca gustaba de dar su brazo a torcer. Lo peor de todo era que la mayor parte del tiempo tenía la razón, porque era de inteligencia innata. Sus argumentos eran difícilmente refutables, porque, además, había desarrollado desde muy temprano, la capacidad del diálogo razonado, meditado, profundo, y el hábito feroz en incansable de la lectura. Muchas veces, cuando se sentaba a hablar de cosas sencillas con los demás niños de su barrio, aquellos terminaban llegando a sus casas perdidos, atolondrados con sus extraños razonamientos, como cuando una vez los reunió a todos para preguntarles si era cierto que el planeta tenía el 75% de agua y el 25% de tierra. Todos dijeron que sí, tal y como les habían enseñado sus maestras en el colegio. Entonces les preguntó: «¿Cómo se explican ustedes entonces que en cualquier lugar que un barco se detiene y lanza un ancla, esta termine tocando tierra?» Así eran sus preguntas.

«No existen los extraterrestres» —le decía su maestra.

Él replicaba:

«Usted no ha visitado todos los planetas del universo para comprobarlo»

Siempre iba a las preguntas difíciles: ¿Qué es la vida? ¿De dónde venimos? ¿Cómo se puede explicar la infinitud del universo? ¿Dónde estaba Dios antes de crearlo todo, qué hacía? ¿El tiempo y el espacio son cosas que existen en sí mismas o son un invento nuestro?, etc.

Buena parte de la responsabilidad en el desarrollo de su inteligencia precoz la tuvo, precisamente, su abuela. Era la encargada de su cuidado. Mientras sus dos hermanos comenzaban a ir al colegio, él se quedaba solo con ella en casa. Comenzó entonces a enseñarlo a leer por su cuenta, como había aprendido ella durante su infancia. Y esto era así, porque de niña sus padres no pudieron inscribirla en el colegio debido a que para esas épocas solo las niñas blancas podían ser inscritas. Los niños y niñas de color no tenían derecho a ir a clases. Al menos, así era en el poblado de Tacarigual, cerca de Yaguaraparo en el Estado Sucre, uno de los estados del oriente de Venezuela, lugar en el que nació y se crió junto con sus otros siete hermanos. Extrañamente, había sido la única de ellos con la piel de color oscuro, y eso que su madre tenía la piel de color blanco como la leche y los ojos azules muy claritos, y su padre era también de raza blanca. Quizás, se debiera a algún gen recesivo de sus ancestros. Solo Dios sabrá.

El caso es que mi padre aprendió a leer, escribir y sacar cuentas en su casa mucho antes de ir al colegio. Para cuando lo fueron a inscribir al año siguiente, ya era capaz de leer de corrido e interpretar lo leído. De allí que tuvieron que inscribirlo junto con su hermano Gustavo, un año más adelantado que él, y al final resultó que fue él quien le enseño a su hermano la mejor forma de leer, escribir y sacar cuentas.

La inteligencia innata de mi padre, o su precocidad intelectual, fue otro de los motivos por el que Amílcar, el celoso hermano mayor, siempre sintió odio hacia él. Cuando se jactaba de que ese año le estuviesen enseñando la lectura de los grandes clásicos de la literatura universal, tales como Don Quijote de La Mancha o las obras de Julio Verne, mi padre le decía que a él no le iba a hacer falta aquello porque ya se los había leídos todos al menos dos veces. Y no le mentía. Efectivamente así había sido. A los siete años de edad ya se había devorado completos todos los libros de la biblioteca de su casa, que no era pequeña. Sus favoritos fueron las obras de Julio Verne (Viaje al centro de la tierra, De la tierra a la luna, Veinte mil leguas de viaje submarino, La vuelta al mundo en 80 días, La isla misteriosa, etc.); "Los Miserables" de Víctor Hugo; "Don Quijote de la Mancha" de Cervantes; "Robinson Crusoe" de Daniel Defoe; y sobre todo "La Biblia", su preferido. Su especial fascinación por los relatos bíblicos hacía de él las delicias de su abuela, que lo ponía a leérselos y explicárselos una y otra vez mientras ella se ocupaba de las labores de la cocina. A la edad de siete años no solo había sido capaz de leerse La Biblia completa, sino que se detenía en cada proverbio y en cada salmo para explicarles su significado a su abuela con pasmosa rigurosidad.

Mi padre también fue siempre el más serio de sus hermanos. Su madre decía de él que muy posiblemente desde que nació haya tenido el ceño fruncido. Y no es que no le gustaran las bromas y los chistes, al contrario. Cada vez que tenía la menor oportunidad, hacía un chiste, una broma o una gracia, la mayoría de ellas a costa de sí mismo, lo cual lo hacía más gracioso aun. Pero era una persona que siempre andaba pensando, meditando, planificándolo todo, organizándolo todo.

Según me ha comentado en varias ocasiones, la inteligencia para él no ha sido más que una desgracia, un motivo para el infortunio, para la infelicidad. En el colegio, siempre se sintió distinto al resto de los niños. Se aburría en clases enormemente. Mientras que los demás andaban felices leyendo y creyéndose los cuentos de la Caperucita Roja, La Cenicienta, Hansel y Gretel, el Ratoncito Pérez, y otros semejantes, él nunca fue capaz de asumir semejantes fantasías. De allí que su forma de pensar, de ver el mundo, siempre lo mantuvo aislado del resto, apartado de los demás. En sus años como estudiante universitario no fue diferente. Lo veían como a un bicho raro, un animal extraño que prefería estar sumergido día y noche entre las bibliotecas a "salir", a "pasársela guay" con sus compañeros. Aun hoy me parece que sigue igual, porque siempre lo veo solo, leyendo, escribiendo, pensando en sus cosas, en su forma extraña de ver el mundo. Dice que los seres humanos mientras más inteligentes, más infelices. Que tiene una permanente inquietud por buscar algo que no sabe qué es, pero que sabe que está allí, acechándolo, esperándolo. Que hay algo dentro de él que lo impulsa constantemente a querer saberlo todo, a desear aclararlo todo. Complicada y extraña forma de vida la suya es.

Bueno amiga, dejemos los relatos de mi padre y su familia por ahora para seguirte contando cómo fueron los detalles de nuestra llegada a Venezuela.

Al salir del aeropuerto, y mientras caminábamos hacia los aparcamientos, noté el cambio abrupto de la temperatura. La brisa traía consigo oleadas de aire caliente, fogoso, ardiente. Rápidamente me quité la chaqueta y la bufanda.

«¡Ufff! ¡Qué caliente es esto aquí!» —le dije a mi padre.

Él sonrió con una mueca, y me dijo:

«Esto no es nada. Espera que conozcas el oriente. Allá sí que hace calor de verdad».

Como te dije antes, el aeropuerto de Maiquetía queda a una media hora por autopista de Caracas, la capital de Venezuela y nuestro destino final de aquel día. Apenas recorrimos un breve trecho de la autopista, nos adentramos en un túnel horroroso. Oscuro como la boca de un lobo. Con una hilera de lámparas fluorescentes, la mayoría de las cuales estaban quemadas o tintineantes luchando por encender (o por morirse definitivamente, que no está claro el asunto), y que apenas si transmitían algo de luz, algo de brillo. Eran muy poco visibles, y esforzando mucho la vista. Sentí como si estuviéramos en una mina de carbón, o en una inmensa chimenea tapizada de hollín.

Poco antes de entrar al túnel, y luego, a la salida, quedé muy sorprendida con lo que vi. Cientos de miles, tal vez millones, de lucecitas diminutas esparcidas por las montañas y los cerros. Apenas si se veía un espacio libre que no estuviese minado de ellas. Cuando estuvimos más cerca y pude observarlas con mayor detenimiento, me di cuenta de que eran casas, pero no casas normales, de las que conocemos nosotros, sino "chabolas". "Ranchos" dijo mi padre que les llaman aquí. Miles y miles de ranchos apretujados entre sí; uno al lado de otro, o sobre el otro.

Fue una imagen que me impactó enormemente. Pensar que cada una de aquellas lucecitas hacía de testigo indicador de una chabola en la que vivía una familia, me sorprendió muchísimo. Por el contrario, cuando llegamos al centro de la ciudad, no había chabolas, sino decenas y decenas de edificios de todos los tamaños.

La ciudad de Caracas se encuentra ubicada en un valle, rodeado por miles y miles de chabolas (o "ranchos", como les dicen aquí). Nunca había visto nada similar, y jamás imaginé que esto fuera así.

Mildred, intrigada por mi silencio, pero, quizás más por mi forma de auscultar con la mirada todo aquello, preguntó:

—¿Qué te pasa Anita? Pareces sorprendida.

—Debe ser porque lo estoy —le contesté con un tono un tanto sarcástico, raro en mí, muy raro—. Primera vez que veo algo así.

—¿Qué cosa? —preguntó Gustavo.

—Eso —dije señalando a las chabolas.

—¡Ah!..., eso... —dijo él—. Eso que tú ves allí, es una de las herencias que nos dejó "La Cuarta".

Jorge, que venía conduciendo en silencio, saltó como un resorte.

—Siiiiiiii, ¡claro que sí! Como que en estos quince años de Chavismo hubieran resuelto algo. Ahora hay muchísimos más ranchos que cuando Chávez llegó al poder.

—Jajajaja..., —rió Gustavo sin reír—; ya salió un escuálido a defender lo indefendible.

Judith intervino.

—Tú no les hagas caso Anita, son unos tontos.

La verdad es que no había entendido nada de lo que habían dicho, y sin embargo, no dije nada. ¿Qué era eso de "La Cuarta"? ¿Por qué mi tío Gustavo había llamado a Jorge "Escuálido"?

Mi padre, adivinando mi desconcierto, dijo:

—No te rompas la cabeza tratando de entender a estos hija. Ni siquiera ellos mismos se entienden. Hablan de política. Eso que ves es normal aquí. Aquí todas las ciudades tienen, más o menos, una estructura similar a esta; una zona pequeña donde viven los de la alta sociedad, una zona céntrica y unos aledaños en los que vive la clase media, y unas zonas inmensas bordeándolo todo, que es donde viven los pobres, que lamentablemente, son la gran mayoría.

—¿Cómo los pobres? —pregunté intrigada.

Mi "inocente" pregunta causó un pequeño cataclismo. Casi todos voltearon al unísono a mirarme sorprendidos, excepto Jorge, que iba conduciendo, y mi padre. Sin embargo, fue Jorge quien primero habló;

—¿Qué pasa? ¿Que acaso en España no hay pobres?

—¿Tu eres tonto? —saltó mi padre—; ¿cómo no va a haber pobres en España? Pobres hay en todos los países del mundo, lo que ocurre es que en España no hay los niveles de pobreza que hay aquí, ni este tipo de chabolismo.

—¿Me quieres decir que en España no hay ranchos? —preguntó Gustavo incrédulo.

—No como aquí —dijo mi padre—. No digo que no haya, o que no haya algunos poblados chabolistas, pero de la forma que hay aquí, no.

—Yo, por lo menos, nunca he visto ninguno —dije.

Mi padre, que venía sentado a mi lado, me apretó ligeramente la mano repetidamente. Entendí que quería decirme que no siguiera hablando, o al menos, no de ese tema.

«Estate atenta a cuando yo te haga alguna señal para que dejes lo que estés haciendo» Había sido una de sus instrucciones más repetidas antes de venir.

Entendí que aquel podía ser un tema sensible, y que lo mejor debía ser dejarlo, pasar a otra cuestión, o al menos, esperar a ver de qué manera salía él solo adelante del embrollo.

—Es difícil de creer —dijo Jorge.

En ese momento me sentí un tanto desconcertada, y quizás, algo herida. Nunca nadie había puesto en duda mi opinión de forma tan abierta, tan clara. O sea, que nos llamó mentirosos en nuestra puta cara.

La diplomacia con la que mi padre suele resolver las situaciones más conflictivas, se hizo presente.

—Cuando yo vine por última vez a Venezuela, hace un par de años atrás —dijo en tono sosegado, conciliador, pausado—, Richard, un ahijado mío, tuvo la misma conversación conmigo, con idénticos resultados; ¡no se creyó lo que le dije! Y os aseguro que la conversación fue casi idéntica a esta. ¿Cómo no va a haber pobres en España? Me dijo, poniendo en duda mi opinión. El pasado año tuvo la suerte de que la empresa en la que trabajaba, la industria siderúrgica, lo mandó a Francia durante un mes a estudiar un curso. Aprovechando la oportunidad, se echó una escapada de tres de días, y fue a visitarnos a Galicia. Durante esos tres días seguidos, estuvimos recorriéndolo todo en mi coche para que me dijera dónde era que estaban los pobres viviendo en Chabolas. ¿Sabéis que ocurrió? ¡Que no encontramos a ninguno! Y con esto no quiero decir que en Galicia no haya pobres, sino que nosotros no encontramos uno solo. Lo mismo os ocurre a vosotros; mientras no vayáis a revisar en España el sitio donde vivimos, no os convenceréis de que lo que os decimos es cierto, y como le ocurrió a Richard en su momento, pensareis que hablamos de esta manera para jactarnos, para ponernos por encima de vosotros. Creedme si os digo que no os mentimos, y sobre todo, que no pretendemos estar por encima de nadie. Que haya pobres en España no lo niego. Sería absurdo hacerlo. Lo que pasa es que la sociedad está organizada de otra manera.

Jorge, el más aludido del grupo se apresuró a decir;

—Bueno..., no hará falta ir a España para convencernos de nada. Si tú lo dices tiene que ser así. No somos quiénes para cuestionar vuestras palabras.

—¡Claro vale! —acotó Mildred intentando sacarle hielo al asunto—; es que este Jorge es un bruto, siempre lo anda cuestionando todo.

Pero Jorge, manifestando una terquedad profunda, volvió a arremeter con nuevos argumentos.

—No es eso —dijo—, sino que yo he visto programas de televisión donde salen poblados chabolistas muy cerca de Madrid, que es la capital de España. Creo que una vez oí decir algo de una tal "Cañada Real", que es donde se concentra el mayor mercado de la droga de Europa, o algo así. Y me he preguntado; ¿si eso es en la capital, qué no quedará para el resto del país?

Mi padre, retomando el hilo pausado y conciliador de sus argumentos, también volvió a la carga.

—No te digo que no. Nosotros también vemos esos programas allá. Lo que te he dicho es que, al menos donde nosotros hemos vivido, que es en Galicia, Valladolid y en las Islas Canarias, nunca hemos visto nada semejante a lo que hay aquí, y ni siquiera nada similar a eso de la cañada real. Es más, hemos estado en muchas ocasiones en Madrid, y por mucho que hemos echado las miradas a andar todo lo lejos posible, no vimos una sola chabola, un solo rancho. La "cañada real" esa no sé exactamente en qué parte de Madrid es que queda. Mas, lo que sí te puedo asegurar a ciencia cierta es que allá ese tipo de cosas son la excepción, mientras que aquí es la regla. Y no os lo toméis como que yo quiera decir que allá es mejor que acá, porque no es así. Yo lo que creo es que España no es ni mejor ni peor que Venezuela. Simplemente son países diferentes, que es distinto.

—Pero si no se ven chabolas por todas partes, ni hay tantos pobres como aquí, obviamente es mejor —dijo Judith.

—No creo que se trate de eso, y perdona que insista —dijo mi padre—. Pienso que es una cuestión de apreciación. Venezuela ahora mismo está muy jodida, pero tuvo épocas de esplendor económico, mientras que España, que ahora está un poco mejor, también tuvo épocas de serias dificultades económicas. Recordad los miles de españoles que emigraron para acá en la época de la guerra civil o en la etapa de la dictadura franquista. Hoy estás muy abajo, o muy arriba, y mañana, quién sabe...

—Pues prepárate para que conozcas otro mundo hija —dijo Gustavo sobándome cariñosamente la cabeza.

Hice una mueca con la mitad de la boca. Había estado escuchándoles con mucha atención tratando de desentrañar el sentido exacto de lo que decían.

Otra cosa que llamó muchísimo mi atención, fue que cuando andábamos por las avenidas, Jorge no se detuvo una sola vez ante los semáforos en rojo. Bueno, en realidad, nadie se detenía. La gente hacía caso omiso de ellos. Era como si no existieran, tanto los semáforos como los pasos de peatones.

—¿Por qué no se detienen en los semáforos? —le pregunté a mi padre en voz baja, al oído.

Mi padre, tras esbozar una gran sonrisa, dijo:

—¿Escuchaste Jorge? La niña pregunta que porqué no te detienes en los semáforos.

Esta vez, todos rieron en forma cómplice. Se ve que todos conocían la respuesta. Fue Judith la que habló.

—¿Sabes lo que ocurre cariño? Que aquí, en cuanto cae la noche, nadie se detiene en los semáforos porque es muy peligroso, nos pueden atracar. Bueno, yo a veces no me detengo ni siquiera de día...

—¿Cómo que nos pueden atracar? —pregunté.

—Que nos pueden robar —dijo mi padre, comprendiendo mi ignorancia.

—¡Vaya! —exclamé.

—No le vamos a poder quitar los ojos de encima a esta niña —dijo Mildred.

—No te preocupes —dijo mi padre—; para eso tiene aquí a su papi, que la protege como un león a sus cachorros.

Las palabras de mi padre me hicieron sentir mimada, protegida. Instintivamente, recosté mi cuerpo a su costado buscando su calor, su cobijo. Él me abrazó con cariño y con ternura, como hace siempre.

También vi en la ciudad, que las calles y aceras estaban muy sucias. Por todas partes había restos de basura amontonados y descompuestos. No vi contenedores como los que usamos allá. Las basuras se apilaban en algunas esquinas formando pequeños montículos.

Las luces de las farolas de las aceras eran muy opacas, iluminando solo las estancias más próximas, y dejando el resto en penumbras. La imagen de las farolas iluminándolo todo a medias con sus luces sombrías y tristes, me transmitió una extraña sensación de congoja, de desánimo. Lo mismo me ocurrió con las luces de la autopista; de un tristísimo color cobre.

También estaba el tema del olor. Todo apestaba terriblemente a monóxido; esas emanaciones fétidas que expulsan los coches por los tubos de escape. Todo olía a eso; a humo de coche. Había un montón de coches viejos y destartalados circulando, y autobuses que parecían verdaderas chimeneas andantes, con los tubos de escape hacia arriba expulsando chorros inmensos de humo negro y contaminante. También había coches nuevos, pero eran muy pocos; una enorme minoría.

Querida amiga:

Cuando llegamos al apartamento y una vez instalados, nuestros anfitriones se esmeraron en explicarme lo que era Venezuela, aunque cada quien desde su particular punto de vista, porque Gustavo, el hermano de mi padre, y Judith, su amiga de la juventud y eterna enamorada, eran de un bando político, y Jorge y Mildred, los esposos, de otro. Los primeros eran del bando denominado "Chavista", llamados así por ser defensores de Hugo Chávez, el actual presidente, y de sus ideas "revolucionarias". Los segundos, del bando contrario, que aquí llaman "de la oposición", radicalmente contrarios a los Chavistas, a sus ideales y a su "revolución". "Escuálidos", les llaman los Chavistas por burla. Ellos tampoco se quedan atrás. Llaman "Chabestias" a los seguidores de Chávez.

Fue difícil para mí entenderlos, porque cada bando tenía ideas muy distintas al contrario. Un mismo asunto lo veían de formas total y radicalmente diferentes, distintas. Tuve la suerte de contar con las explicaciones y aclaraciones de mi padre, siempre interesado en que aprendiera y conociera lo mejor posible la realidad venezolana.

Decirte que me sentí un poco asaltada, atropellada. Nadie me preguntó si estaba o no interesada en saber lo que tanto se esforzaban en explicarme, en hacerme entender. Supongo que me veían como quien se encuentra con un extraterrestre que recién llegado a nuestro planeta pregunta con asombro dónde se encuentra.

Carezco de la formación didáctica necesaria para transmitir todo lo que se me dice, mas, aun así, voy a tratar de resumirte lo que entendí. No quiero que te pierdas de nada de lo que estoy viviendo. Me gustaría que, a través de mis palabras, tú también lo vivieras, lo sintieras, igual que lo estoy sintiendo yo, o por lo menos similar.

Comenzaré por decirte que los venezolanos tienen una especie de idolatría, de fascinación innata, por un hombre llamado "Simón Bolívar". Lo consideran como una especie de divinidad que estuvo por aquí visitándolos durante algún tiempo. No es que se refieran a él como a un Dios, o como a un santo, porque no lo hacen, sino que hablan de él como si se tratara de un ser único, extraordinario, insuperable, irrepetible. Como que todos no lo fuésemos. Le llaman solemnemente: "El Padre de la Patria". En cada ciudad y en cada pueblo es obligatorio que haya una estatua suya en la plaza principal, que, obviamente, debe llevar su nombre; "La plaza Bolívar". Mi padre me contó que en su infancia, cada vez que escuchaban su nombre tenían que ponerse de pie en posición de firmes y saberse de memoria sus principales pensamientos. No sabe ahora cómo será eso.

Tengo mi propia opinión al respecto, como no podía ser de otra manera. Pienso que idolatrar la imagen o el recuerdo de otro, idealizándolo como idealizan aquí a este Simón Bolívar; como a un ser superior, supremo, majestuoso, etc., crea en el pensamiento de los idólatras un complejo de inferioridad insuperable. Esa forma de ver a otro con respecto a sí mismo no me parece lógica. No creo que nadie tenga que considerarse eternamente inferior a un ídolo, a un venerado. Pero..., ¿quién soy yo para cuestionar las creencias de esta gente? Es muy probable que a los adoradores de Gandhi, Bonaparte, Hitler, Julio Cesar, Carlomagno, Chaka Zulu, Martin Luther King, Nelson Mandela, y otros que en su momento hayan sido grandes líderes, les hubiese ocurrido lo mismo.

Debe ser muy agradable eso de sentirse idolatrado, adorado como un Dios. Que todo lo que uno diga y haga se considere sagrado. Que un séquito de aduladores te siga donde quiera que vayas, ensalzando tus virtudes y minimizando tus defectos. Que te atiendan en todo momento como a un Rey, como atienden los camareros a sus clientes en los restaurantes de súper - lujo. Quizás, sea esa la miel tan golosa que atrae a tantos al poder; la necesidad sin límites de sentirse grande, magnánimo, todopoderoso, omnipotente.

Tal vez, Hugo Chávez se dio cuenta de que él también podía ser como Simón Bolívar, se quitó el traje del complejo de inferioridad, y se erigió en nuevo líder a quien adorar, en nuevo "Libertador", en nueva "divina y suprema gracia". Quién sabe...

El caso es que Simón Bolívar fue un hombre que vivió a finales del mil setecientos y comienzos del mil ochocientos. Nació en Caracas, aunque sus padres eran españoles. Su familia era rica y poderosa. Liberó a Venezuela, y a otros países de América del Sur (Panamá, Colombia, Ecuador, Perú y Bolivia) de lo que aquí se conoce como "la invasión de los españoles", que tuvo sus inicios con el descubrimiento de Colón, allá por el mil cuatrocientos noventa y dos. Yo pensaba que Colón había descubierto a este continente, pero por lo visto, había estado equivocada. Al parecer, cuando los españoles llegaron aquí ya existían formas de cultura propias y muy avanzadas, que los conquistadores se encargaron de destruir para imponer la suya. Destruyeron todo lo que había para imponer a la fuerza su propia civilización.

En favor de los españoles habría que decir que no fueron ellos los únicos que vinieron a este continente a repartirse la torta. Buena parte de los países europeos se hicieron con su buena tajada de los territorios americanos, y no hicieron precisamente como los romanos cuando invadían nuevos territorios, que respetaban sus culturas y normas propias, sino que, al igual que los españoles, también impusieron las suyas con violencia, con el uso de la fuerza y con el mayor de los desprecios por las comunidades indígenas. Y no con esto pretendo justificar la barbarie de la invasión española, al contrario. Pienso que los errores de otro no son excusa para los propios. Lo que ocurre es que cuando hablo de España no puedo dejar de sentirla como propia. Es muy probable que a cada cual le ocurra lo mismo con su patria, que haya lazos invisibles que nos unan con la tierra en la que hayamos vivido, no lo se...

Yo no me siento venezolana, aun y cuando haya nacido aquí. Me siento española.

Volviendo a lo que te estaba comentando de Simón Bolívar, decirte que pretendió hacer con los países que liberó de los españoles, un único país gigantesco, al estilo de Estados Unidos, o de la actual Unión Europea, al que dio por nombre "La Gran Colombia", pero, fracasó en su intento. Fue presidente de Venezuela, presidente y creador de la Gran Colombia, y dictador de Perú. Sus ideas y pensamientos quedaron plasmados en las decenas de cartas que escribió, y que hoy en día se hallan diseminados en todos los rincones de los países que liberó. Porque también te diré que no solo los venezolanos lo consideran como una súper - figura, sino también los habitantes de todos los países que liberó.

Bolívar tenía una forma de escribir medio romanticona y grandilocuente. Era un hombre bajo, medía poco más del metro y medio de estatura. Era delgado, de cara alargada y nariz respingada. Amigo del baile. Enamorador consumado. Antes de su primera victoria tuvo diecisiete derrotas consecutivas. Sus propios compañeros trataron de matarlo varias veces, y hasta lo echaron de su patria de mala manera en más de una ocasión. Murió en Colombia de una neumonía. Al momento de su muerte, uno de sus guardaespaldas tuvo que vestirlo con sus propias ropas, porque él no tenía más.

Como te dije antes, se considera una figura sagrada, casi una divinidad, del que no se pueden hacer bromas ni chistes. Supongo que ocurrirá lo mismo con Gandhi en la India, o con Mahoma en los países árabes. No puedo evitar pensar en el libro "Los Versos Satánicos", por el que Salman Rushdie fue condenado a muerte por el régimen de los Ayatolás Iraníes al considerar que ofendía gravemente a Mahoma, al Corán y a la Fe Islámica.

Simón Bolívar murió, en Diciembre de 1.830. Sus restos permanecen en una especie de iglesia construida especialmente para rendirle culto. "El Panteón Nacional", lo llaman. Y permanece custodiado día y noche por los guardias de honor de las academias militares.

Es posible que de haber podido, los adoradores de Simón Bolívar le hubiesen puesto su nombre a uno de los meses de año, como en su momento hicieron los romanos con Julio Cesar. ¿Cuál sería? ¿Marzo quizás? Enero, Febrero, Bolívar, Abril, etc.

Es posible también que muchas de las cosas que de él se cuentan estén magnificadas, engrandecidas. No puedo dejar de pensar que quizás, también sea probable que sea yo la que, por un enfermizo deseo de quitarle mérito a todo, quiera exponerlo ante ti de la misma forma que me veo yo a mi misma; como a un individuo más de la especie humana.

Perdóname por hacerte andar por los laberintos de mis especulaciones. Te prometo que no es intencional. La pluma se me va sola.

Seguimos.

Una vez libre de los españoles, Venezuela tuvo durante todo el siglo diecinueve, una sucesión de gobiernos militaristas, uno tras otro. Ya en el siglo veinte, tuvieron dos dictaduras; la de comienzos de siglo, desde el 1.908 hasta 1.935, presidida por un militar llamado Juan Vicente Gómez, y la de otro militar conocido como "Marcos Pérez Jiménez", que duró menos, desde 1.948 hasta 1.958. Con la llegada de la democracia, en 1.958, se estuvieron turnando en el poder los dos grandes partidos políticos; Acción Democrática y Copei, hasta que en 1.992 Hugo Chávez intentó dar un golpe de estado que estremeció los cimientos del sistema. Chávez fracasó en su intento, pero, como cosa insólita, el pueblo mayoritariamente lo apoyó, o al menos, no salió en defensa del régimen vigente. Por aquella época Chávez era comandante, un militar de rango medio. Estuvo detenido durante dos años, hasta que el entonces presidente Rafael Caldera decidió darles un indulto a todos los involucrados en la intentona golpista, es decir, les perdonó la pena y salieron de la cárcel. Pero no pudieron regresar a la carrera militar, tuvieron que renunciar a ella definitivamente. Fue entonces cuando Hugo Chávez, viendo el arrastre popular que tenía, decidió lanzarse como candidato a presidente, y desde entonces hasta ahora ha ganado todas las elecciones en las que se ha postulado.

Ese es más o menos el resumen.

A todo esto, lo que mayor discusión y polémica generó entre los dos bandos que, infructuosamente, trataban de meterme sus opiniones en la cabeza, fueron las razones que tuvo Hugo Chávez para dar el golpe militar, y sobre todo, las razones que tuvo el pueblo para apoyarlo, o al menos, para no salir en defensa de la democracia. Este fue el punto álgido, el que más pasiones desató, y a causa del cual, estuvieron casi hasta las cinco de la mañana hablando ese día, y luego volvieron a reunirse por la tarde del día siguiente para continuar con las discusiones.

Te voy a contar lo que yo entendí.

La población estaba hastiada, cansada de tanta pobreza, de tanta marginalidad, de la ineficacia de los servicios públicos, de la inseguridad, de la escases de productos, de la falta de asistencia en los hospitales, de la corrupción de la clase gobernante, etc. Y entonces, el 27 de Febrero de 1.989, ocurrió una especie de cataclismo al que llamaron "El Caracazo". Fue un pequeño "sismo social". La gente bajó de los cerros, saquearon la ciudad de Caracas y lo destrozaron todo; tiendas, supermercados, centros de abastecimiento, casas de la gente rica, coches aparcados, etc. La conmoción se extendió al resto del país, y durante varios días se produjeron decenas de saqueos y destrucción. El entonces recién elegido presidente por segunda vez, uno que se llamaba Carlos Andrés Pérez, decretó el estado de emergencia y el toque de queda; se le prohibió a los ciudadanos el derecho de libre circulación, a la libertad de reunión y a la inviolabilidad del domicilio, y se suspendieron las garantías constitucionales, que son las normas de la constitución que obligan al estado a garantizar los derechos de los ciudadanos. Como te podrás imaginar, aquello fue una hecatombe.

Pasados los días, la situación se fue normalizando paulatinamente, pero la gente nunca terminó de estar satisfecha. Hugo Chávez, que para entonces era un militar en servicio activo, aprovecho todo aquello para organizar dentro de las fuerzas armadas su movimiento insurreccional. El cuatro de febrero del año 1.992, tres años después del "Caracazo", en horas de la madrugada, dieron el golpe. Estaban muy bien organizados, y a punto estuvieron de conseguir sus objetivos, a no ser porque el presidente escapó milagrosamente del palacio de gobierno por unos túneles subterráneos y se fue inmediatamente a los canales de televisión a denunciar la intentona golpista y a pedir a los sublevados que depusiesen las armas.

A partir de allí, comenzó el declive de los golpistas, que a media mañana tuvieron que reconocer el fracaso de la intentona. Pero, parece ser que el gobierno cometió un grave error, y fue que pusieron a Chávez, el cabecilla de la intentona, a dirigirse a los sublevados en cadena de radio y televisión para pedirles que depusieran las armas. "Para evitar más derramamiento de sangre", dijeron que fue. Lo que no se esperaban fue lo que ocurrió entonces.

Chávez aprovechó la oportunidad para dejar sembrada la semilla de la sublevación cuando dijo: "Les pido que bajemos las armas para evitar más derramamiento de sangre. Asumo la responsabilidad plena de la sublevación. Ustedes por el interior lo hicieron muy bien, pero aquí en Caracas no logramos conseguir los objetivos que nos habíamos propuesto, "por ahora".

Esa sencilla expresión de "por ahora", se le metió en la cabeza a sus seguidores desde entonces y para siempre. Porque daba a entender claramente que no se habían rendido, sino que lo que debía considerarse era que había que dejar la sublevación para volver a intentarla nuevamente después, en una nueva ocasión.

Ese mismo año, en el mes de Noviembre, se produjo una nueva intentona golpista estando Chávez preso, que también fracasó. El malestar generalizado dentro de los cuarteles y la semilla de la rebelión Chavista eran evidentes. La clase política se movilizó alarmada viendo el apoyo social que los sublevados, incluso estando presos, estaban teniendo. El país se les estaba escapando de las manos.

Decidieron entonces juzgar al presidente en funciones por corrupción y destituirlo del cargo. Pensaron que así las cosas cambiarían. Llamaron nuevamente a elecciones y ganó un demócrata cristiano que ya había sido presidente antes; Rafael Caldera. Este fue el que le perdonó los delitos a los sublevados y los dejó marchar a sus casas, como si nada hubiesen hecho.

Cuando Chávez salió de la cárcel, las multitudes lo estaban esperando. Ya lo habían consagrado como su nuevo líder.

En las elecciones siguientes, Chávez se presentó y ganó. Y no solo en una, sino en todas en las que se ha presentado hasta ahora. Aprovechando su inmenso respaldo popular, decidió hacer una especie de "refundación" del Estado Venezolano, llamando para ello a elecciones a una "Asamblea Constituyente", que es una especie de cónclave en el que tienen que estar representados todos los sectores del país, y cuya única misión es la de crear una nueva constitución nacional, que es la ley más alta del país.

Por otra parte, Chávez mandó a hacer leyes a la medida de su régimen y se hizo con el control absoluto del resto de los poderes del Estado; el legislativo y el judicial, nombrando a dedo por igual a jueces, que a ministros y representantes en el parlamento. Comenzó una época de secuestro absoluto del poder por una sola persona, una sola cabeza visible; el presidente. Se dice que esto que ha hecho Chávez ha sido siguiendo el modelo de la dictadura Castro – Comunista de Cuba, que gobierna en la Isla Caribeña desde hace más de cincuenta años, y por la que Hugo Chávez desde siempre ha sentido una especial fascinación.

Esto, a grandes rasgos, fue lo que yo entendí.

Querida Dafne:

No obstante lo que te he explicado antes, quisiera dejarte expuestas también, las opiniones más importantes de los contertulios.

Es bueno, como dice mi padre siempre, escuchar la opinión de los dos bandos. El problema surge cuando uno está prejuiciado de antemano. Las ideas preconcebidas no permiten admitir las opiniones contrarias, y ese es un problema serio que no permite ver la realidad. Las ideas previas son un obstáculo en la búsqueda de la verdad.

La defensa más encendida del Chavismo, la realizó Gustavo, mi tío.

Así habló:

«Antes de que el Comandante Chávez llegara al poder, el pueblo venezolano no tenía derecho a nada. Las clases pudientes, aquí conocidas como "La Burguesía", vivían como reyes a costa de quedarse con los recursos del pueblo, y los pobres, que son la inmensa mayoría, no tenían ni siquiera dónde caerse muertos. Los cargos públicos y los recursos de todos los venezolanos, se repartían en las sedes de los partidos políticos, al real saber y entender del gobernante de turno. Obviamente, para ello tenías que ser del partido de gobierno, porque si eras del contrario, de hambre te podías morir porque no te daban ni una migaja de pan.

Durante muchos años, la dirigencia política corrupta le entregó los recursos naturales de nuestra patria a las potencias extranjeras, comenzando por los Estados Unidos, por cuatro centavos, es decir, casi regalados. Entre tanto, los pobres cada día se hacían más y más pobres y miserables. Nuestro comandante Chávez fue quien vino a devolverle al pueblo su dignidad. Antes uno se enfermaba y te podías morir desangrado a las puertas de cualquier hospital, que si no llevabas el hilo para que te cosieran te dejaban morir como a un perro. Ahora hay médicos y medicinas para el pueblo en cada barrio. Ahora tenemos un sistema de "misiones", mediante el que se diagnostican los principales problemas de la población y se atacan de manera efectiva. Tenemos la "misión amor", para darle atención y protección a nuestros ancianos; la "misión alimentación", para que ningún pobre en nuestro país se acueste sin comer; la "misión vivienda", mediante la cual se le garantiza a todos los ciudadanos el acceso a una vivienda digna; las misiones Robinson, Rivas y Sucre, para que cada venezolano pueda acceder a una educación decente; y así como esas, muchas otras más.

La oposición piensa que los Chavistas lo que queremos es quitarlos del poder para seguir haciendo lo que desde siempre hicieron ellos; robar a manos llenas; llenar sus bolsillos a costa del sufrimiento del pueblo; comprarse lujosas casas en el extranjero para asegurar sus futuros cuando ya no pudiesen seguir robando; invertir sus fortunas en paraísos fiscales, etc. Está claro que el ladrón juzga por su condición.

Mas, la lucha que ha emprendido nuestro Comandante Chávez no es solo por ganar unas elecciones y ponerse en el mismo sitio que antes ocupaban los dirigentes corruptos, sino que es una lucha contra todo un sistema perverso. Un sistema que ha condenado a nuestro pueblo a la más absoluta de las miserias, que le ha quitado su dignidad, que no le ha permitido evolucionar, que los considera poco menos que mierda. Es la lucha contra el sistema capitalista, iniciada desde Cuba por el Comandante Fidel Castro y el pueblo cubano. Es una lucha titánica, de David contra Goliat. Una lucha del fuerte contra el débil. Una lucha por adecentar el espíritu humano.

Este sistema horrible en el que hemos vivido, mantiene al mundo sometido al control de los ricos, de los poderosos, de la oligarquía, de una pequeña clase dominante sobre unas grandes mayorías a las que se les priva de todo por enriquecer y hacer más poderosos a los dueños del planeta.

El Imperialismo Mundial, dirigido por los Estados Unidos, ha plagado de miserias todo nuestro planeta en nombre de la libertad, tal y como en su momento lo pronosticó Bolívar, el padre de nuestra patria.

Nosotros no queremos que en Venezuela "algunos pocos" puedan estudiar en las universidades, como ocurre ahora, queremos que llegue el día en el que "todos los venezolanos" puedan ir a las universidades. No queremos que haya clínicas privadas donde quien tenga los recursos y la capacidad económica sea atendido de sus problemas de salud, sino que todos los venezolanos tengan la posibilidad de acceder a un sistema sanitario digno. Queremos que no haya niños en las calles descalzos, durmiendo entre cartones, y olisqueando botes de pega de zapatos para engañar su hambre. No queremos que haya una pequeña clase que se beneficie a costa de una gran mayoría que sufre y se desespera por no tener un pan que llevarse a la boca. Esta lucha es por la igualdad de todos los venezolanos.

Enciendan la televisión y vean algunos de los canales de Norteamérica, o vayan al cine a ver cualquiera de las películas de Hollywood. ¿Qué van a ver? El constante restregarnos a todos en cara de la fortuna de los poderosos en detrimento del pobre, del miserable. La publicidad y la forma de vida del imperio gira en torno a lo que hacen con su vida Justin Bieber, Madona, Katy Perry, Lady Gaga, y otros pocos más. Se muestra en ellos y en sus formas de vida, la felicidad a la que jamás podrán acceder el resto de los más de siete mil millones de habitantes que tiene el Planeta Tierra ahora mismo, y que no hemos tenido, ni tendremos jamás la posibilidad ni la fortuna de ser como ellos. Nos inducen a vivir en la fantasía de creernos estupideces como las del mundo absurdo de Harry Potter, Las Crónicas de Narnia, Los Juegos del Hambre y otras aberraciones semejantes. Ese es el sistema de aberraciones y absurdos contra el que en Venezuela y en Cuba estamos dando la lucha, estamos librando la batalla.

Estamos luchando por un cambio social auténtico y revolucionario, no por unos miserables puestos en el gobierno o en el congreso de los diputados.»

Querida Dafne:

Te juro que cuando el tío Gustavo terminó de darnos este pequeño discurso, incluso antes, ya me había hecho Chavista. Ya empezaba a sentir cierta adoración por ese líder tan magnánimo, tan todopoderoso, que luchaba a muerte por los pobres contra el sistema opresor de las mayorías encarnado en eso que llaman "El Capitalismo". Ya me veía enarbolando una pancarta de Chávez y gritando su nombre por las calles; ¡Viva Chávez!, ¡Viva la revolución!, ¡Abajo los poderosos!

El tío Gustavo logró hacerme ver a Hugo Chávez como si de Robin Hood se tratase; el que luchaba contra los opresores del pueblo para darle a los pobres; el que combatía por los necesitados enfrentándose a los malos y crueles ricos y poderosos. Supuse que Chávez era el Robin Hood venezolano, y que Venezuela eran los bosques de Sherwood.

Por fortuna o por desgracia, la ilusión me duró menos de lo que tarda en cantar un gallo, porque después vino Jorge, por el bando contrario, y refutó uno a uno los argumentos de Gustavo.

Así habló Jorge:

«Es cierto que los venezolanos salimos a la calle a protestar contra la corrupción reinante, y que las cosas estaban muy mal antes de llegar Chávez al poder, pero no es menos cierto que a trece años de aquello, hoy en día estamos muchísimo peor que antes.

Antes no se podía salir a la calle a ciertas horas de la noche porque corrías el riesgo de que te atracaran, pero resulta que ahora no puedes salir a ninguna hora.

Antes había veinte o treinta muertes cada fin de semana, producto de la delincuencia, ahora mismo hay más de trescientas muertes por fin de semana. Más de ciento cincuenta mil muertos, producto de la inseguridad, han producidos estos trece años de Chavismo.

Antes ibas a los supermercados y a las farmacias y conseguías todo lo que buscaras, ahora mismo hay que hacer colas kilométricas de horas bajo el sol tan solo para conseguir un kilo de arroz, un paquete de papel de baño, un paquete de espaguetis o una barra de margarina. De dos a cuatro horas de cola hay que hacer para comprar un simple pollo. Hace años que la carne desapareció de las estanterías de los supermercados. Ahora quieren hacer lo mismo que hacen en Cuba; hacerle a la gente una cartilla de racionamiento en la que se nos diga lo que podemos y lo que no podemos comprar y en qué cantidades. Esto es algo que nunca se había visto en Venezuela, ni siquiera en las épocas de las dictaduras. Solamente en los países que han pasado por inmensas catástrofes o estado en guerras devastadoras se han visto semejantes cosas.

Antes podías viajar a cualquier país del mundo al que quisieras, si tenías dinero para ello, ahora mismo, ni que tengas todo el dinero del mundo puedes viajar porque el gobierno es el que da los dólares, y solo da una mínima cantidad, cada vez que quiere, o sea, que aun por encima hay que andarlos mendigando.

Cuando Chávez llegó al poder en 1.999, existían 16 Ministerios, hoy en día hay 36.

En 1.999 el estado venezolano tenía 900.000 empleados públicos, hoy son 2.300.000.

En 1.999 el precio del petróleo era de 10,57$ el barril, hoy en día es de 109,45$. El pueblo está más pobre que nunca, y eso que exportamos millones de barriles diarios. ¿Dónde está ese dinero? Lo ha dilapidado Hugo Chávez como si fuera suyo. Donde quiera que va, anda cargado de maletines con nuestro dinero, y lo reparte a manos llenas a su real saber y entender. Se la pasa visitando países pobres de América, y donde llega manda a asfaltar una carretera, hacer unas casas, construir una escuela, hacer un hospital, o cualquier otra cosa que se le antoje. ¡Y todo eso con nuestras riquezas! Si esos recursos fueran de su propiedad nadie lo criticaría, pero le está quitando el pan de la boca a millones de venezolanos por puro gusto. Como que aquí no hubiese gente necesitada de trabajo, niños muriendo de hambre, hospitales sin medicinas ni camas, carreteras sin asfaltar, gente sin vivienda, etc.

¡Nadie le pone freno a este loco! Se cree que es el Cristo resucitado que anda repartiendo su gloria por el mundo con nuestros centavos, con un dinero que le pertenece a nuestro pueblo, que no es suyo, que no tiene el derecho de dilapidar a su antojo, de la forma que le venga en gana. Por eso es que hay cada vez más gente en el mundo que cree que es un Dios. Así cualquiera. ¿Quién no sería un Dios así?

No hay un solo Juez en nuestro país capaz de iniciar acciones contra él porque todos le deben el cargo, a todos los ha nombrado él. Y no por mérito, sino por quien tenga mayor capacidad de hacerle la pelota, de rendirle pleitesías. A mayores reverencias, mejores cargos. Aquí hay Jueces y Ministros que ni siquiera saben leer y escribir. Estas son cosas que se cuentan y no se creen.

22.500 inmuebles han sido invadidos en estos años de Chavismo, sin que haya forma ni manera de que se le respete su derecho a los propietarios. ¿Qué dice Chávez a todo esto? Que el pobre tiene el derecho legítimo de tomar lo que no es suyo cuando lo necesite, simple y llanamente porque es pobre y tiene necesidad. ¿A dónde nos conducirá esto? A que llegará un día en el que todos nos matemos los unos a los otros por la falta de autoridad, por la falta de gobierno.

En un programa de televisión, transmitido en cadena nacional para todo el país, tuvo la desfachatez y el poco cerebro de preguntarle al Ministro del Interior y a la Presidenta del Tribunal Supremo, si ellos consideraban que estaba bien que si un niño tenía hambre robara para comer. ¿Qué le dijeron ellos? Que sí, que estaba bien robar para comer.

"Pues eso mismo pienso yo", les dijo él. ¿Qué hicieron con esto? Legitimar a que la gran mayoría de los venezolanos saliera a la calle a robar y a quitarle a otros lo que tuviesen, con el pretexto de que tenían hambre y que el propio presidente así lo había justificado. A partir de entonces, las fuerzas y cuerpos de seguridad se abstienen de perseguir los delitos de robos menores, hurtos, secuestros exprés, e invasión de las propiedades ajenas, porque aquí todos estamos legitimados para robar.

El 97% de los delitos cometidos en este país quedan impunes, sin castigo, sin sanción. Los Jueces siguen al pie de la letra los dictados de Chávez, y no lo que establecen las leyes. Hacen todo aquello que se les ordena desde la sede del poder Chavista. Ajustan sus sentencias a los intereses del Chavismo. ¿Cómo se puede vivir tranquilo así? La única ley que existe tiene nombre y apellido: Hugo Rafael Chávez Frías.

En varios programas de televisión transmitidos en vivo y directo, Chávez ha ordenado el saqueo y desmantelamiento de propiedades ajenas, con el pretexto de que el pueblo las necesita. Hace poco lo volvió a hacer con una finca ganadera propiedad de Diego Arria, uno que hace años fue Gobernador de Caracas y funcionario diplomático de Venezuela ante diversos Organismos Internacionales. Ordenó a los militares que entraran en la finca y llamaran al pueblo para que tomaran lo que quisieran y se fueran a bañar en las piscinas porque ellos también tenían derecho de "disfrutar".

¿Es esta la forma de construir un país? ¿Entienden, después de trece años de odio, resentimiento y caos, que ese no era el camino, que esos llamados a la lucha de hermanos contra hermanos no eran adecuados? Si Venezuela hubiese avanzado y los pobres salido de sus pobrezas, quizás el tiempo les hubiese dado la razón a los Chavistas, pero no es así. Hoy en día los pobres son inmensamente más pobres que cuando Chávez llegó al poder, y lo que reina es la anarquía, el desastre, el colapso generalizado.

Los apagones y cortes eléctricos programados mantienen a oscuras el 60% del territorio nacional. Desde enero de 2009 fue declarada la crisis eléctrica, han pasado tres años y seguimos en la crisis. En el momento menos pensado y sin previo aviso nos cortan la luz durante horas, a veces días, y toda la comida que tenemos en las neveras se nos daña. Colapsan las oficinas bancarias, que tienen que cerrar obligatoriamente. La gente se queda atrapada durante interminables horas en los ascensores. Los quirófanos de los hospitales se quedan a oscuras en medio de las operaciones.

Del sistema educativo ni hablamos. Más de cuatro millones de niños están sin escolarizar; ¡jamás irán a la escuela!

Pero las carencias y la inseguridad que tenemos ahora mismo en Venezuela, ya de por sí horribles y nunca antes vistas, no son lo peor que hemos tenido, lo más grave, aunque lo parezcan. La mayor de las barbaridades que ha cometido este irracional contra nuestro pueblo, ha sido desatar el odio sin sentido de los venezolanos unos contra otros. Algo que no habían hecho ni siquiera los dictadores que tuvimos el siglo pasado. ¿Cómo se puede construir así un país?

Hugo Chávez, con su discurso de resentimiento, de animadversión, de odio de todo contra todo, ha sembrado la discordia, la ira, el rencor y el resentimiento gratuito de hermanos contra hermanos. ¿Por qué ha sido posible esto? Veras...

En nuestro país siempre ha existido un enorme rechazo de los pobres, que son la gran mayoría, contra los ricos, que son una inmensa minoría. Desde siempre se les ha considerado culpables de las carencias y los sufrimientos de las clases menos favorecidas. Eso no es algo nuevo. Es una cuestión de formación cultural de nuestro pueblo. Basta con que veas algunas de las mediocres telenovelas que se han producido en nuestro país durante estos últimos años para que te des cuenta de que lo que te digo es cierto. Los argumentos siempre van de lo mismo; el complejo de la cenicienta; la chica pobre que se enamora del niño rico cuya familia es mala y perversa. Culebrones mediocres y absurdos en los que los "buenos" siempre son los pobres contra los "malos", que por fuerza son siempre ricos y poderosos.

¿Qué hizo el señor Hugo Chávez? Fomentar ese odio, ese desprecio irracional. Estimular ese sentimiento, alimentarlo, promoverlo, darle fuerza. Pero hay más. Como se dio cuenta de que la gente necesitaba alguien en quien "cargar el muerto" de sus múltiples carencias, y no le bastaba con seguirle echando la culpa a las clases pudientes, a quienes despectivamente llama "la burguesía" o "la oligarquía"; o a los gobiernos anteriores, adoptó el fantasma con el que los dictadores cubanos han justificado sus carencias de todos estos años de criminal dictadura; el viejo cuento de que la culpa de todo la tiene "El Imperialismo Yanqui".

Ahora todos nuestros males son culpa de los norteamericanos porque, según la desquiciada mente de Chávez y su séquito, quieren invadirnos y someternos a su esclavitud. ¿Se puede ser más absurdo?

—¿Y por qué entonces la gente sigue votando por Chávez? —preguntó Gustavo.

—La respuesta es muy sencilla —dijo Jorge—. Hay dos razones fundamentales. La primera, es porque le creen todos sus disparates. Creen ciegamente que la culpa de sus males la tiene otro, que son los poderosos quienes tienen la responsabilidad de sus múltiples carencias, de la delincuencia, de la escases, de la ausencia de insumos en los hospitales, etc. Y la segunda razón, es porque Hugo Chávez ha dilapidado y derrochado los centenares de millones de dólares que nuestro país ha recibido durante estos años, en comprar votos y conciencias. Jamás en la historia de Venezuela, este país había recibido tantísimo dinero, tantos ingresos por la renta petrolera, como en estos trece años que llevamos de Chavismo, y nunca en nuestra historia habíamos estado tan pobres, tan miserables, ni tan divididos.

Por otra parte, está el tema de la entrega de la soberanía venezolana a la dictadura de los hermanos Castro de Cuba. Esto es algo que tampoco hizo ninguno de los dictadores que en su momento tuvo nuestro país. Gracias a Chávez, la dictadura de los hermanos Castro se ha mantenido viva, porque de lo contrario, ya se habría extinguido y dado el paso necesario a la democracia, a un régimen de libertades. En el momento más dramático de los Castro, vino el pendejo este a revivirlos, porque ya habían dejado de recibir las ayudas de Rusia con el final de la guerra fría. Hacía algún tiempo que habían dejado de depender económicamente de los rusos. Hoy en día, millones de barriles de petróleo diario salen desde aquí para Cuba, sin que los venezolanos recibamos un solo centavo a cambio. ¿Se puede concebir semejante estupidez, semejante locura?

Con el argumento absurdo del "antiimperialismo", adoptado del régimen criminal de los Castro, Chávez ha establecido relaciones diplomáticas y comerciales con todos los enemigos que Estados Unidos tiene en el planeta, haciendo quizás la única salvedad de los terroristas de Al Qaeda. Es de los pocos presidentes del mundo que ha apoyado las barbaridades de Gadafi en Libia; el genocidio de Bachar al Assad en Siria; las atrocidades de Hosni Mubarak contra su pueblo en Egipto; la carrera atómica de los Iraníes; y obviamente; la dictadura criminal de los Castro, la única dictadura que existe ahora mismo en América, y la mayor de las vergüenzas de nuestro mundo civilizado junto con el régimen brutal de Kim Jong II en Corea del Norte.

¿Y quién ha salido perjudicado con todo esto? ¿Hugo Chávez? ¿Su familia? ¿Su mujer? ¿Sus hijos? Por supuesto que no. Los únicos perjudicados con los delirios de este loco hemos sido los venezolanos, que hemos visto cómo se ha reducido dramáticamente la importación de productos y servicios de Estados Unidos y sus aliados, que era quienes abastecían más del 90% de los productos consumidos por los venezolanos. Esta es una de las causas fundamentales de la escases tan espantosa que ahora mismo padecemos en nuestro país.»

Querida amiga:

Cómo te podrás haber dado cuenta, si leíste con detenimiento la intervención de Jorge, hay mayores argumentos para estar en contra que a favor del Chávez este. Me siento tentada a no inclinarme hacia ninguno de los dos lados de la balanza. Aun es pronto en mi conocimiento de este país, para emitir un juicio definitivo, si es que algún día llego a darlo. Siempre se puede tomar lo positivo de cada uno, descartando lo malo, lo negativo. Me gustaría ser como mi padre; neutral. Aunque tengo mis sospechas de que su neutralidad esté forzada en el deseo de que me forme mi propia opinión, porque no me deje influir por su forma de ver las cosas. Es un defecto que tiene. Que nunca me dice esto es así o no es así, sino que deja que yo me forme mis propios criterios y luego me los discute. Sería mucho más fácil para mí que me diera la comida ya hecha. Pero, para mi desgracia, él prefiere dármela cruda, aunque tengo que reconocerle que siempre está allí al momento de cocinar. Nunca me deja sola. Tengo la confianza de que en sus palabras hallo sentido a lo que pienso. Que no me deja caer en los abismos del pensamiento absurdo, incoherente, ilógico, irracional. Le agradezco que siempre esté allí; al borde de mis precipicios.

Confío en que en los días que nos quedan de este viaje, podrá aclararme muchas de las interrogantes que me han surgido, o si no, ya en España, como me dijo cuando llegamos:

«Obsérvalo todo con atención, y luego en España, con calma, comentamos las anécdotas del viaje»

Estimada amiga:

Hay otra cosita que quería decirte con respecto a las discusiones de los contertulios. Cuando a mi padre le pidieron su opinión sobre Venezuela, dijo:

«No puedo opinar mucho, porque tengo muchos años fuera de mi país. Cuando vine la vez anterior, solo me quedé durante un mes, tiempo en el cual nunca salí de casa ni recibí visitas, porque estuve acompañando a mi madre moribunda en sus últimos días de vida. Por eso, preferiría hacer primero el recorrido por el país, y luego, ya os contaré lo que opino. A mí nadie me podrá engañar porque conocí muy bien la Venezuela de antes de Chávez. Ahora, voy a conocer esta otra.

En todo caso, sí hay dos cosas muy puntuales que quisiera decir. La primera, es sobre lo que comentaba Jorge sobre el odio entre los venezolanos. Independientemente de que los venezolanos pobres hayan sentido siempre alguna animadversión por la clase pudiente (cosa con la que no estoy del todo de acuerdo), creo que si el señor Chávez ha estimulado ese sentimiento, no ha sido necesario que los pobres lo hayan tenido previamente, es decir, que no hacía falta su preexistencia, su existencia previa. Si tu le muestras a una persona el camino del odio, del desprecio a otro, no hace falta que exista una razón previa que lo justifique. Piensen en el caso del odio irracional de Hitler hacia los judíos, que llevó a la matanza sin sentido de millones de seres humanos; o en los postulados absurdos del Ku Klux Klan en Estados Unidos, que creen en la inferioridad innata de los negros.

Sin ir muy lejos, tenemos un experimento que hizo una maestra de escuela con sus niños en clases en Estados Unidos para demostrarles lo que era el odio racial y sus consecuencias. La maestra dividió un día a los niños por el color de sus ojos. Para el experimento hubiera resultado lo mismo si los divide por el color de los ojos que por el color del pelo, por el color de sus zapatos, por su forma de caminar, o por cualquier otro elemento aleatorio semejante. El asunto era dividirlos por alguna cualidad que los hiciera sentir diferentes, distintos entre sí. Una vez hecha la división en dos grupos; los de ojos azules y los de ojos marrones, les dijo, el primer día, que ese día los de ojos azules tendrían una serie de privilegios que los de ojos marrones no iban a tener porque durante ese día los de ojos azules serían superiores a los de ojos marrones. Tales privilegios iban desde tener mayor descanso en el recreo, beber el agua en mejores vasos, sentarse en lugares privilegiados, tener mayores áreas de recreo y esparcimiento, y otras semejantes que ahora no me vienen a la mente. Al segundo día hizo lo contrario, los niños de los ojos marrones serían los que tendrían los privilegios mientras que los de ojos azules serían los discriminados. ¿Os imagináis cuáles fueron los resultados? Bueno..., pues ya os lo digo yo. Que logró transformar en una sola clase a niños angelicales en seres que despreciaron y humillaron a sus propios compañeros. La conducta de los niños cambió dramáticamente, tanto, que incluso el propio experimento ha sido severamente cuestionado, aun y cuando al tercer día todos los niños supieron que tenían que asumir sus puestos de iguales como siempre, y que no se debía considerar que nadie sea inferior a otro por una cualidad tan fútil como el color de los ojos. Muchos años después, ya en su edad adulta, los niños que participaron en este "sencillo" experimento, se reunieron a ver el video juntos y a comentar la forma en la que tal experiencia había influido en sus vidas.

Trasladando esto al tema de los pobres en Venezuela, las consecuencias son iguales. Si les das razones para menospreciar a sus semejantes por el hecho de ser ricos, o de pensar de una forma distinta a las suyas, estarás haciendo lo mismo que hizo Hitler con los alemanes en su tiempo, o como en el ejemplo de la maestra y sus alumnos; haciendo nacer en ellos una justificación para el menosprecio, para el odio gratuito y sin sentido.

Lo que yo veo aquí es que el único beneficiado de todo esto es el mismo Hugo Chávez, nadie más, porque de esa manera el pueblo tiene en quién cargar las culpas de los errores del gobierno.»

—¿Y la segunda? —preguntó Mildred.

—¿Qué segunda? —dijo mi padre.

—Dijiste que ibas a decir dos cosas. La primera fue la del odio entre los venezolanos, pero no dijiste la segunda.

—Ah ok... —dijo, recobrándose del despiste—. Bueno pues, la segunda es que yo pienso que nuestro país siempre ha estado mal administrado. No es cosa exclusiva de Chávez, ni de sus antecesores. Es un problema de siempre. Aquí la mayoría de la población vive del Estado sin aportar nada. Todos los países del mundo que han salido adelante, superando terribles crisis, hambrunas, conflictos bélicos, dictaduras, etc., lo han hecho porque sus ciudadanos aportan al sostenimiento del Estado. ¿Por qué funciona tan bien la asistencia sanitaria en España? Por poner un ejemplo. Porque la gente que trabaja se obliga a cotizar una cuota obligatoria a la seguridad social, de la cual no pueden escapar. Pero esa cuota se les revierte en servicios sanitarios dignos. Aquí la seguridad social brilla por su ausencia, es prácticamente nula, inexistente.

—¿Y cómo se sostienen los hospitales? —pregunté intrigada.

—Ahhh..., muy buena pregunta hija. Aquí los hospitales, como el resto de los servicios públicos, y los sueldos de la mayoría de los venezolanos, como dijo Jorge antes, los paga el Estado Venezolano con los ingresos provenientes de la renta petrolera. Venezuela es uno de los países que más petróleo produce del planeta, y sin embargo, no ha podido salir adelante, sino que, por el contrario, cada vez se ha hecho más y más pobre. ¡Qué contradicción! Yo recuerdo que cuando vivía aquí, un escritor ilustre que teníamos, ya fallecido, de nombre Arturo Uslar Pietri, vivía diciendo que era necesario "sembrar el petróleo", es decir, utilizar los recursos provenientes de la venta del petróleo para crear industrias y fuentes de trabajo, pero, lamentablemente se ha hecho todo lo contrario. Se ha utilizado la renta petrolera para pagarle a la gente, muchas veces sin hacer nada, solo por formar parte del partido gobernante y hacer campaña, porque lo que ha interesado desde siempre aquí a los políticos ha sido ganar elecciones para hacerse con el control de los inmensos recursos que ha producido, y sigue dando al día de hoy, la venta de petróleo. Quizás, si Venezuela nunca hubiese tenido petróleo, y sus ciudadanos nos hubiésemos visto obligados a buscarnos la manera de producir en lugar de consumir, la historia sería diferente. ¿Por qué? Porque cuando la gente se ve en la obligación de buscar salidas a sus problemas, lo hace, como han hecho todos los países del mundo. ¿Cómo quedó Alemania después de la segunda guerra mundial y cómo está ahora? ¿Cómo quedó Japón, y cómo está ahora? ¿Cómo quedó Israel, con sus millones de judíos muertos en campos de concentración y cómo está ahora? Habría que echarle una miradita a la historia de vez en cuando.

Otra cosa que quería decir, con respecto a lo que comentó Gustavo de "su Comandante Chávez", es que, a mi modo de ver, en Venezuela hemos tenido desde siempre un problema muy grave de "mesianismo".

—¿Qué es eso? —pregunté.

—Es una forma de pensamiento que lleva a la gente a creer que algún día vendrá un "mesías", un "iluminado de la providencia" a resolverles todos los problemas. Es por eso que se aferran con fuerza a líderes demagogos que prometen y prometen aun sabiendo que nada de lo que ofrecen lo podrán cumplir. No digo que este sea un problema exclusivo de los venezolanos. Es una forma de pensar muy extendida en el planeta, que ha llevado a criminales como Hitler al poder, o más recientemente, a ineptos como Berlusconi en Italia, a Bush en Norteamérica, o aquí en América a Cristina

Fernández en Argentina. Quizás, buena parte de la responsabilidad en esto la tenga el Cristianismo.

—¿Qué tiene que ver Cristo ahora en esto? —preguntó Mildred.

—Cristo en particular nada, pero las religiones cristianas en general mucho. Es de allí de donde nos viene la idea de uno que vendrá a salvar al mundo de todos sus males. Esta noción, aplicada a la política, es la que ha degenerado en los líderes absurdos e ineptos que hemos tenido, y la que explica cómo es posible que personas con pensamientos tan mediocres hayan llegado tan alto en la vida política. Y no solo aquí en Venezuela, como ya he dicho. El mundo está plagado de ejemplos de este tipo.

Respecto a Hugo Chávez, es más de lo mismo. Mi niña y yo nos quedamos boquiabiertos con lo que vimos apenas entrar al aeropuerto; decenas de pancartas y publicidades declaratorias del amor del pueblo a Chávez. Esto, en cualquier país civilizado del mundo es sencillamente inconcebible, inaudito.

Gustavo, dándose por aludido, dijo:

—Bueno…, y si el pueblo ama a su Comandante, ¿por qué no habría de reconocerlo? ¡Yo amo a Chávez!

Todos nos volteamos a mirarlo incrédulos.

—De ti se puede esperar cualquier cosa —dijo mi padre—, porque eres un mentecato y un imbécil.

Todos estallamos en sonoras carcajadas, el primero, el propio Gustavo.

—Ahora en serio, y para terminar —dijo mi padre una vez repuesto de las risas—, yo soy especialista en inmigración, y por eso precisamente es que estoy aquí en Venezuela, porque voy a dar una charla sobre el tema, además de presentar mi nuevo libro, como bien sabéis. Volviendo a lo que os decía al principio, no soy quién para opinar sobre lo que ocurre ahora mismo en Venezuela porque no lo he vivido tan de cerca como vosotros durante los últimos años, pero si puedo decir que desde el punto de vista estrictamente migratorio, si tan buena es la revolución bolivariano - chavista ¿por qué hay tanta gente desesperada por salir de este país? ¿por qué razón en lugar de marcharse no vienen?. Lo mismo pasa en Cuba, ¿por qué, si abren las fronteras, los cubanos huyen desesperados de la isla, en lugar de que la gente intente a como dé lugar ingresar a ella? como ocurre con los africanos y Europa. Si la vaina fuera tan buena como la pintan los Chavistas, ahora mismo habría decenas de pateras cruzando el Atlántico, con gente desesperada intentando acceder a Venezuela por cualquier vía, y esto, obviamente no es así. Ocurre exactamente lo contrario. Yo recibo a diario decenas de cartas de venezolanos que me consultan sobre lo que tendrían que hacer para ingresar a la Unión Europea. Al día de hoy, no he recibido la primera de un Europeo que me pregunte por la mejor vía de ingreso a Venezuela. Es un asunto que haría sospechar a cualquiera de que el paraíso que quieres hacer ver no es tal.

—¿Cómo te quedó el ojo? —le dijo Jorge a Gustavo en tono burlón—. ¿Qué tienes que decir a eso, "adorador de Chávez"?

—O adorador de Satanás, que es lo mismo —dijo Mildred con sorna.

—Nada..., ¿qué voy a decir? —contestó él, dando señales de desenfado y aburrimiento—. Quién se quiera ir de este país que se vaya. Está claro que cuando los barcos se hunden, los primeros en abandonarlo son las ratas. Es normal que los opresores del pueblo huyan a refugiarse en el Imperio.

—Que mal estás "mi arma" —le dije al tío Gustavo en tono de burla, emulando la forma de hablar de los andaluces.

Querida Dafne: como te habrás podido dar cuenta, en tan solo un par de días ya he conocido muchísimo de Venezuela, y espero que con esta nueva carta, y las que seguirán, tú también lo hagas.

¿Qué me ha quedado claro de las muchas cosas que me han dicho y de lo que he visto hasta ahora?

Que en Venezuela siempre ha habido intensas luchas por el control político, por el poder. ¿Pero es que acaso no las hay en todas partes igual o peor que aquí?

Que en Venezuela hay unas clases sociales muy bien diferenciadas; los ricos, los pobres y la clase media

Que un espíritu colectivo de inferioridad tiene a la gente de este pueblo sometido a la creencia de que no puede llegar a ser iguales o superiores a sus ídolos, a los que tienen por divinidades.

Que hay un caos generalizado. Un monstruo de mil cabezas, que es el estado venezolano, lo dirige todo, lo destruye todo, y hace depender a todos de él.

Que hay mucha injusticia, mucho odio y mucha anarquía. Se trata de una sociedad en construcción permanente, que todos los días se destruye a sí misma, y al día siguiente vuelve a comenzar su círculo de construcción - destrucción. Es como un inmenso nido de hormigas al que cada día visita un enorme oso hormiguero e introduce su lengua larga y pegajosa, pero que evita comerse a todas las hormigas para tener de qué alimentarse al día siguiente.

Pienso que no tengo derecho a sentirme parte de este nido de hormigas, por lo que no temo que el oso me engulla en una de sus diarias visitas. Esto de ser de aquí sin serlo es una sensación bastante extraña. Yo no puedo amar a Hugo Chávez, como dicen aquí que lo aman. Tampoco puedo adorar a Bolívar como lo adoran e idolatran aquí, ni puedo subordinarme en ese sentimiento de considerarme inferior que él, porque no creo en iluminados, sabios, semidioses, ni otras subespecies semejantes. En eso soy muy rebelde. Soy la dueña de una rebelión de la que me enorgullezco, de la que me jacto y me complazco. Mi desprecio por la idolatría no se produce como consecuencia de un amor propio que no tengo; no me imagino mirándome extasiada cual Narciso, ante un espejo de aguas claras. No sé bien en qué medida, la necesidad de adorar a alguien sea una condición propia del humano. Lo que sí sé es que yo no la tengo, o por lo menos, aun no se me ha manifestado. Aun no ha llegado el príncipe azul que me despierte con su beso de amor, aunque creo que si me lo encuentro, de seguro un buen bofetón se lleva. Por estúpido y por ridículo.

Veo a Venezuela como quien va a una galería y se instala frente a un cuadro a tratar de desentrañarle el sentido. ¿Qué quiso decir el artista? ¿Por qué esta gente piensa de esta forma y no de esta otra? ¿Por qué el mundo es tan diferente en unos lugares que en otros? Una vez alguien me dijo que a Picasso una señora le dijo una vez, mirando uno de sus cuadros, que le gustaba, pero que no lo entendía. Él le replicó «¿A usted le gusta el jamón serrano?» A lo que ella contestó: «¡Pues claro! ¿A quién no le va a gustar el jamón serrano?» Luego él le repregunto: «¿Y usted lo entiende?» A lo que la señora no supo responder.

Quizás, a mi me ocurra igual. Es probable que tenga que vivir en este país para sentirlo, para interpretarlo, para digerirlo, para asimilar el sabor de sus jugos, de sus esencias, como hacemos con las lonchas de un buen jamón serrano.

Querida Dafne, no quisiera terminar sin contarte un hecho curioso que ocurrió ayer por la noche; una anécdota.

Ocurre que desde nuestro apartamento, ubicado en un piso séptimo, se puede mirar hacia un cruce en el que confluyen dos grandes avenidas. La intersección se encuentra regulada por un semáforo, pero ya sabes que antes te conté que aquí no les hacen caso, sobre todo de noche. Bueno pues ocurrió que mientras estábamos conversando en la sala, como a eso de las once de la noche, sentimos un fuerte impacto fuera y nos asomamos a ver. Eran dos coches que se habían estrellado entre sí. Los conductores se apearon, y luego de una intensa discusión, uno de ellos llamó a una grúa que vino y se llevó su coche con él dentro. Por el contrario, el otro conductor, no quiso abandonar su coche allí ni llamar a ninguna grúa para que lo viniera a remolcar. Supusimos que fuera porque pensara que no teniendo responsabilidad en la colisión, lo mejor sería esperar a que vinieran las autoridades competentes a levantar el accidente. Cuando, dos horas después nos volvimos a asomar a la ventana a ver si ya se habían llevado el coche siniestrado, vimos que al pobre hombre lo habían sacado del coche entre cuatro personas y le estaban dando una paliza en medio de la calle. Ninguno de los demás coches que a esa hora transitaban por allí se dignó a detenerse, ni ninguno de los vecinos de la zona se atrevió a pronunciar palabra. Algunos pocos, solo mirábamos desde los balcones. Después que al hombre lo apalearon y le robaron todo lo que tenía, lo dejaron tendido sobre el coche lamentándose de su mala fortuna. Llamamos a la policía, obviamente. Nos dijeron que estaban enterados del accidente y que ya habían notificado para que se apersonaran unos funcionarios en el lugar. Antes de acostarnos, entrada la madrugada, volvimos a mirar al hombre del coche siniestrado en un par de ocasiones más, y vimos que le habían ido robando el coche a pedacitos. Le sacaron las ruedas, los repuestos y todo lo que le pudieron desguazar. Volvimos a llamar a la policía en varias ocasiones más y siempre nos volvieron a decir lo mismo; que ya iban a enviar a unos funcionarios.

Cuando, a las nueve de la mañana me levanté y fui al cuarto de baño a cepillarme, sentí curiosidad por mirar a ver si el pobre hombre del coche permanecía aun en aquel lugar. Y ¿sabes qué?, aun estaba allí, acostado dentro del coche con los pies para afuera y las puertas abiertas, mientras que el resto de automóviles y personas pasaban a su lado como si nada estuviese ocurriendo. Mucho después del mediodía fue que vino una patrulla de la policía con unos funcionarios que sacaron al hombre del interior del coche, sujetándolo uno por las manos y otro por los pies, lo tendieron en medio de la calzada y le colocaron esa horrible manta blanca que le ponen a todo muerto por encima para que no le vean la cara. Al rato, un coche blanco y gris, con un cajón grande detrás, se detuvo al lado de los funcionarios, y entre dos de ellos introdujeron el cuerpo del hombre muerto en la parte trasera, sin el menor cuidado y delicadeza, al contrario. Lo balancearon para agarran impulso y después lo zumbaron adentro, como si de un objeto o de un animal muerto se tratase. Más tarde, una grúa vino para remolcar lo poco que había quedado del coche, totalmente destruido.

No ocurrió como en las películas, que viene la policía científica a poner una cinta blanca precintando el lugar, echar fotografías, hacer mediciones, preguntar a testigos, ni nada similar.

Querida amiga, como tú comprenderás, lo ocurrido me dejó un amargo sabor de boca, a la vez que una extraña sensación de desconcierto, de confusión. No sé qué pensar...

Quizás, lo mejor sea no pensar nada. No lo sé. No estoy muy segura. Si estuvieras conmigo podríamos hablar de lo ocurrido para buscar una solución, una salida a esta desazón, a este laberinto de cosas sin explicación. Siento que, como Jonás, estoy perdida en el vientre de una ballena de la que no puedo escapar. Él tuvo la suerte de ser escupido al tercer día. Yo..., no sé si alguna vez volveré a ser la misma después de esta travesía.

Quizás, mi ballena nunca me expulse de sus entrañas, o quizás sea yo la que jamás pueda encontrar la salida de semejantes laberintos.

JUEVES 08 DE MARZO DE 2.012

Conferencia en la Universidad Santa María. El deseo de emigrar y el engranaje. Recepción.

Querida Dafne:

Esta tarde mi padre va a presenta su libro "El Cambio" en la sede de la Biblioteca Nacional de aquí, de Caracas. También tiene que dar una charla en la que hará un bosquejo de su contenido. Eso será a las ocho de la noche.

Ayer fue su conferencia en la Universidad Santa María. Yo me senté frente a él. A mi lado, Judith con su esposo, un chico muy simpático y amable. A mi otro lado, Gustavo, Jorge y Mildred. El auditorio estaba repleto cuando llegamos, aunque nuestros asientos ya habían sido reservados previamente por los encargados de protocolo. Calculo que habría más de quinientas personas, entre sentadas y paradas.

Pude ver a lo lejos a Natalia, la chica guapita, bajita y de ojos negros saltones que vino con nosotros y su grupo en el mismo avión desde España. Era difícil no verla. En cuanto entramos a la sala, casi se le sale el brazo de tanto esfuerzo por llamar nuestra atención. Junto a ella estaban algunos de los que habían venido con ella aquel día.

La conferencia iba, como te dije en mis cartas anteriores, sobre inmigración.

En una pantalla grande aparecía el título de fondo:

"El deseo de emigrar y el engranaje"

Invitado especial:

Profesor Franklin Díaz Lárez - Abogado y Especialista en Inmigración.

Así habló mi padre:

«Excelentísimos miembros de la comunidad universitaria, y resto de asistentes.

Se me ha invitado a esta ilustre casa de estudios, de la que me siento muy honrado de haber egresado, para hablarles un poco sobre el deseo de emigrar. Prevenirles sobre que no está en mi pensamiento alentar en ninguno de vosotros el sueño de emigrar, de abandonar vuestro país, vuestra patria, así como tampoco lo está el extremo opuesto, es decir, enfriar las ganas de quienes tengan planeado embarcarse en la aventura de la migración.

Mis intenciones van en la línea de iluminaros un poco el sendero. Creo firmemente que de entre las personas a quienes atrae la idea de lanzarse por los abismos, habría que distinguir dos clases; la de los que se lanzan sin mirar lo que les espera, y la de quienes prefieren asomarse antes. Es muy probable, que la mayoría de ustedes pertenezcan, como yo, al segundo grupo. De lo contrario, no se explicaría vuestra presencia aquí. Podría decirse que habéis venido a echar un vistazo al abismo.

Bien..., seguimos.

Según mi particular punto de vista, lo primero en lo que debería detenerse a pensar aquel que haya decidido echarse a andar por la ruta de la emigración, es en algo que yo llamo "el engranaje".

Uno de los elementos que caracteriza a los individuos de la especie humana, es nuestro carácter social. Somos seres sociales. Necesitamos formar parte de un grupo, de un ente social. Por muy solitaria que sea una persona, en algún lugar tendrá una familia, unos amigos, o unos conocidos de cuya congregación forma parte. Es, por consecuencia, un miembro de ese grupo, uno de sus integrantes.

Cada grupo, llámese familia, amigos, o conocidos, tiene una dinámica propia, en la que participan, en mayor o menor medida, cada uno de los individuos que lo componen. Son eso a lo que yo llamo "el engranaje"; las piezas de un puzle invisible. Un puzle que no se ve, pero que cada cual sabe que está allí, que forma parte de él, y el rol que desempeña. Cada quien conoce qué papel cumple como miembro de su clan.

Cuando una persona emigra a otro país, el engranaje se rompe, porque falta esa pieza. Todos los miembros del grupo lo saben, y lo perciben así, por lo que resulta indispensable, quiéranlo o no, sustituir a ese que ya no está. Reemplazar al que se ha ido lejos y que ya no está para cumplir su rol dentro del cartel, dentro del grupo. Es allí donde, tarde o temprano, por fuerza, se darán cuenta de que por muy importante que haya sido el papel del ausente, nadie es indispensable. Todos somos prescindibles. Pero es un vacío que queda allí, al menos, temporalmente.

Otro elemento a tener en cuenta por el pretendiente a emigrar es a lo que los conocedores en esta materia llaman "el duelo migratorio".

Cuando los miembros del grupo perciben la ausencia del miembro que falta, sufren una pérdida similar a quien le ha fallecido alguien. Les invaden sentimientos similares, aunque, obviamente, no iguales. Es una sensación de vacío, de ausencia, de desconsuelo, de pérdida irreparable. A esto se suman sentimientos de tristeza, abatimiento, desolación.

Obviamente siempre hay excepciones, como mi caso, en el que en lugar de entristecerse, mis amigos y familiares montaron una fiesta tremenda.

(Risas generalizadas)

Eso por parte de los miembros del grupo.

Por parte del emigrante, a su duelo migratorio se suma que tendrá que adaptarse a nuevos grupos familiares y sociales, y a nuevos entornos desconocidos hasta entonces para él. Se enfrentará a nuevas formas de ver el mundo, a formas distintas de hacer las cosas, de hablar, de comer, de beber, etc. Es decir, le tocará la dura lucha de enfrentarse con nuevas formas de cultura, muy distintas a la suya.

¿Y qué pensáis que hará? ¿Qué hace la mayoría? ¿Se adaptan rápidamente o tardan tiempo en hacerlo? Los estudios en la materia indican que somos muy resistentes al cambio. Luchamos por mantener nuestra anterior forma de vida, pensando que lo nuestro es lo mejor, y que la sociedad que nos acoge, simplemente nos adversa. Difícilmente asumimos lo obvio; que no es que la sociedad nueva que nos acoge sea mejor o peor que la nuestra, sino que simple y llanamente es diferente, distinta.

La sensación de pérdida, de nostalgia por lo que queda atrás, de "morriña" como dicen los gallegos, se hará más o menos difícil de sobrellevar dependiendo de la fortaleza psicológica de cada quien. Pero es un dolor y una tristeza que todos los emigrantes, en mayor o en menor medida, tenemos que sufrir, tenemos que soportar y que superar. Mientras no lo superemos no nos será posible avanzar.

Quien sale de su país buscando mejores destinos, debe saber que asume una doble condición; la de emigrante y la de inmigrante al mismo tiempo. Es emigrante de lo que deja atrás, e inmigrante en su nuevo destino. Como emigrante es ese que se fue dejando el vacío de su partida, y como inmigrante es el recién llegado que intentará hacerse un hueco en la sociedad que lo acoge. Tendrá que forjarse en nueva pieza de un puzle en el que, quizás, jamás llegue a ser admitido, aceptado.

No es lo mismo tolerancia que aceptación.

Es forzoso que en este punto invoquemos el problema de la discriminación. No les voy a dar una charla sobre lo que es la discriminación. Pienso que todos tenemos alguna idea de su significado. Solo decirles que no nos pensemos que los venezolanos somos los únicos que padecemos de este problema cuando nos vamos a vivir fuera, en otro país. La discriminación es un fenómeno que existe en todos los países del mundo y en todas las sociedades.

Sé, sin necesidad de ser adivino, que algunos de ustedes estarán pensando que esto que digo no es cierto, y que en Venezuela somos un país noble en el que tal problema no existe. A quienes así piensan quisiera llamarles a reflexionar sobre cómo creen que se sienten los gallegos en un país como el nuestro, en el que decir "gallego" es sinónimo de decir "bruto". La colección de chistes y mofas de gallegos que tenemos en Venezuela no tiene comparación. Tan fuerte es esto, que muchos de los amigos gallegos que tengo viviendo aquí simplemente se identifican como "españoles", haciendo omisión expresa del hecho cierto de haber nacido en Galicia. Y esto es solo un ejemplo.

Si un hombre de piel de color clara, o canela, llega al África a intentar convivir en una tribu de gente con la piel de color negro, pueden estar ustedes seguros de que será discriminado. Algunos dirán: ¡no!, ¡eso no es ser discriminado!, porque asocian "discriminación" con lo que padecen los individuos de la raza negra únicamente. Pero que sepáis que discriminación no solo es, como dice el diccionario, la acción y efecto de separar o distinguir unas cosas de otras, sino que es un término que hace referencia al trato de inferioridad dado a una persona o grupo de personas por motivos raciales, religiosos, políticos, de sexo, de filiación o ideológicos, entre otros. Es decir, que todo trato de inferioridad dado a otro, podemos considerarlo como una forma de discriminación.

Volviendo al ejemplo anterior, decirles que ese nuevo que llega a la tribu africana, tendrá que ganarse un puesto. Luchar por conseguir ser una pieza más en el puzle al que pretende integrarse. Ocurre igual con un latino que llega a Alemania, a Suiza o a los Estados Unidos. Si no encuentra grupos de su condición latina a los que adherirse, tendrá que luchar por ganarse un lugar, un puesto en el nuevo engranaje. La discriminación es un fenómeno inherente a nuestra condición, no podemos llamarnos a engaño en esto. ¿Que nos gustaría que no fuese así, y que todos los habitantes de la tierra nos amásemos los unos a los otros? Por supuesto. Pero, lamentablemente, no es así. No podemos tapar el sol con un solo dedo, y con nuestros buenos deseos no vamos a cambiar el mundo. Aun en los países con legislaciones más restrictivas en materia de discriminación, no se ha podido, y a mi modo de ver no se podrá jamás, erradicar esta lacra.

Dentro de un mismo país existe discriminación entre sus distintos grupos. Si no están de acuerdo con esto, pregúntenle a un oriental, a un maracucho o a un gocho cómo los tratan los caraqueños aquí, en Caracas. Más aun, pregúntenle a los que viven en Catia, en San Martín o en Caricuao cómo los tratan los sifrinos de Caurimare, del Cafetal o de La Lagunita. Os sorprenderán los niveles de discriminación que podemos encontrar en una misma ciudad.

Otra forma que asume la discriminación es con el retornado, con el que vuelve después de haberse ido. Si vuelve pronto, es decir, antes de ser completamente sustituido como pieza en el puzle de su organización, siempre podrá volver a retomar su lugar sin mayores contratiempos, pero si tarda mucho en regresar, encontrará que su mundo ya no es el mismo, y que nunca más lo volverá a ser. Nada volverá a ser igual que antes. Sentirá el rechazo de sus propios congéneres, aun y cuando estos sean de su propio círculo familiar, lo cual lo hace aun más doloroso, más cruel.

He tenido la oportunidad de observar de cerca este fenómeno en las decenas de españoles que con la crisis actual que vive Venezuela, han retornado a su país de origen. Muchos de ellos no han podido adaptarse, porque se han encontrado con una sociedad, con unas familias, y unos amigos que ya no son los mismos que cuando partió. Ahora el raro es él, ahora el inmigrante y el extraño es él. Ahora le tocará ser un extranjero en su propia tierra y tendrá que volver a luchar por adaptarse nuevamente a un entorno que ahora le es adverso, hostil.

Aclarar, aunque parezca obvio, que cuando hago estos señalamientos no hablo de todos por igual. Mas, los datos indican, aunque no nos guste, que es una forma de conducta que asumen las mayorías.

El problema de la discriminación es doblemente cruel para aquellos que regresan sin haber cumplido con su cometido, sin haber alcanzado su meta. Es muy difícil para cualquier persona asumir un fracaso, una derrota. Por eso es que quienes parten hacia otros países muy difícilmente cuentan la verdad sobre las penurias que pasan, sobre los vejámenes, los maltratos, la discriminación, el aislamiento, las dificultades para conseguir trabajo, los problemas de adaptación, etc. Normalmente dicen que les va de maravilla, que están viviendo como reyes, que han homologado sus títulos universitarios (los que los tienen) y que están trabajando en sus profesiones. Desgraciadamente, la verdad es otra, y muy diferente, muy dura y cruel.

Hay una canción venezolana de un grupo criollo desaparecido llamado "Ensamble Gurrufío" cuya letra exponía en forma graciosa este asunto. Una de sus estrofas decía:

"Todo el que va a Nueva York,

se vuelve tan embustero,

que si allá fregaba platos,

dice aquí que era platero,

el norte es una quimera,

¡qué atrocidad!,

¡y dicen que allá se vive como un pachá!"

Seguramente, si quienes andan por el mundo pasando necesidades y viviendo maltratos, humillaciones y vejámenes en sociedades desconocidas, contarán la verdad de sus situaciones, no habría tanta gente lanzándose por ese precipicio.

Es evidente que todos los seres humanos tenemos el derecho legítimo de hacer con nuestras vidas y con nuestros futuros lo que nos venga en gana, pero lamentablemente muchos caen en el engaño de utopías y cantos de sirena.

El que se aventura por estos caminos debe saber que llegará un momento en el que perderá el sentido de pertenencia, por mucho que se aferre a su antigua o a su nueva cultura. A la antigua, porque mientras más tiempo pase por fuera más extranjero se sentirá en su propia patria cuando regrese, y a la nueva porque por muy adaptado que se encuentre, jamás dejará de ser considerado de otro país, es decir, un extranjero más. Y no vale para ello que haya obtenido o no la nacionalidad del país que lo recibe. Los sentimientos y el comportamiento humano no se resuelven con papeles.

¿Qué digo yo cuando me preguntan de dónde soy? Un "ciudadano de un lugar llamado Mundo", como dice una canción.

Muchas gracias por vuestra amable atención.»

(Lluvia de aplausos y ovaciones)

Durante los treinta minutos siguientes, mi padre estuvo contestando preguntas que le hicieron llegar en papelitos que previamente habían sido repartidos entre el público asistente, y que un moderador se encargaba de ir leyéndole. No te las voy a decir porque eran más de lo mismo.

Después de la conferencia hicieron un brindis en un salón aparte, en el que hubo canapés, dulces y refrescos. Esa noche estuvieron con nosotros también una prima de mi padre con su esposo y dos de sus cuñadas. Todos estaban guapos y muy elegantes, trajeados como para ir a una boda. Hasta yo estaba elegante. Por vez primera me había puesto unos zapatos de tacones altos que me hacían caminar como una viejita, sujeta al brazo de Judith todo el rato para no caerme ni torcerme los tobillos.

Mañana te cuento qué tal fue la presentación del libro. Ahora voy a prepararme. Son las siete menos cuarto de la tarde y ya están aquí los de protocolo esperándonos.

Saludos.

VIERNES 09 DE MARZO DE 2.012

Presentación del libro "El Cambio". Paseo por Caracas. Incidentes del atraco en el autobús y el robo en la arepera. Exaltación y amor del pueblo por Hugo Chávez. El Bolivarianismo. Carta para Simón Bolívar.

Querida Dafne:

Tal y como te había comentado, ayer mi padre presentó su libro "El Cambio".

El acto se realizó en la sede de la Biblioteca Nacional, aquí en Caracas. Había mucha gente haciendo cola para que mi padre les firmara su libro. Eso me dejó sorprendida. Nunca había asistido con él a sus firmas de libros. Calculé que habría, quizás, mucho más de quinientas personas.

Entramos por una puerta lateral, bajo la protección de varios guardias de seguridad. Una vez dentro, nos sorprendió la cantidad de gente que había esperando. Hacía bastante rato que habían cerrado los accesos por insuficiencia de aforo.

«De haber sabido esto —me dijo—; hubiese dispuesto que buscasen otro lugar. Un auditorio, un anfiteatro, o algo así»

En cuanto entramos, lluvia de aplausos. Mi padre, sonriente, saludó a la multitud abriendo los brazos y moviendo ambas manos al unísono.

Cesada la momentánea algarabía, todo se aquietó y mi padre, desde un podio acondicionado específicamente para la ocasión, se dirigió a los asistentes.

Así habló:

«Dicen, que nadie es profeta en su tierra. Me alegra saber que no todo lo que dicen es cierto»

(Risas generalizadas, seguidas de una ráfaga de aplausos)

Estimados amigos, como bien sabéis, hoy vengo a presentarles mi nuevo libro; "El Cambio".

En él, he cometido la enorme osadía de atreverme a esbozar y defender unas tesis, que por lo que he podido constatar, están teniendo importantes repercusiones, notables consecuencias.

Se trata del análisis de la cuestión de "la forma de pensar" con el propósito único y exclusivo de establecer los mecanismos adecuados para conseguir sustituirla por otra distinta, para cambiarla por una nueva.

Lo que propongo es algo que los científicos tenían que haber logrado hace ya mucho tiempo; la sustitución de un cerebro por otro en un mismo cuerpo. Un trasplante de cerebros.

(Risas generalizadas)

¿Complicado el asunto no?

(Murmullos y más risas)

Mis tesis se basan en unos principios muy simples, muy sencillos. De allí que sean accesibles para todos por igual.

El primero de ellos, dice que todos nuestros problemas, repito; "todos" nuestros problemas, sin excepción, pueden tener una solución económica. No hay nada que el dinero no pueda solucionar.

(Murmullos generalizados)

¿Qué pasa? ¿Por qué esos murmullos? ¿Es que acaso no estáis de acuerdo? Reto a cualquiera de los presentes a que me diga un problema que no se pueda solucionar con dinero.

En ese momento, los murmullos se hicieron más intensos.

Una chica levantó la mano para hablar;

«La muerte» —dijo

—¿Qué le pasa a la muerte? —preguntó mi padre con sorna.

Se volvieron a escuchar risas. Luego la chica volvió a hablar.

—Que le digo que la muerte no se puede solucionar con dinero. Nadie puede llegar a ser inmortal por mucho dinero que tenga.

—Tienes razón —dijo mi padre—, la muerte, como bien dices, no se puede solucionar con dinero. Pero es que hay un pequeño detalle, y es que ocurre que "la muerte" no es un problema. Al no ser un problema, no tendrá solución. Yo he dicho que todos los problemas pueden tener una solución económica. Si creo que la muerte no es un problema, entonces no puedo buscarle una solución.

Otra vez se volvieron a oír murmullos.

Una señora se puso de pie sin levantar la mano y dijo;

«Mi marido tiene un cáncer en fase terminal, y los médicos me han dicho que ya tiene metástasis y que no hay medicina en el mundo que lo pueda curar»

Se hizo un silencio generalizado.

—Siento mucho lo de su marido señora, pero permítame una pregunta. ¿A su marido lo están tratando ahora mismo, es decir, está recibiendo algún tipo de tratamiento farmacológico?

—Si, lo están tratando, pero solo a nivel paliativo.

—Ok..., ¿y quién está costeando esos gastos?, si me permite la indiscreción.

—No, si no es ninguna indiscreción. Los costes de los tratamientos que ahora mismo está recibiendo mi marido los está cubriendo mi familia.

—Bien..., pues déjeme exponerle mi punto de vista. Usted y su familia ya han resuelto el problema de su marido, y lo han resuelto de la única forma posible; con dinero. El problema de su marido no es el cáncer. El cáncer, como todas las demás enfermedades para las que la ciencia no ha descubierto la cura, no es un problema, y en consecuencia, le ocurre lo mismo que a lo que planteaba la joven anterior con respecto a la muerte; no tiene solución. Y la razón de que no tenga solución es muy sencilla, aunque muchos se nieguen a verla; no tienen solución porque no son problemas. Solo los problemas la tienen. Lo que no es un problema, no tiene solución. Este es uno de los principios fundamentales de mi teoría, aunque necesario es aclarar que no estoy descubriendo con esto el agua tibia. Ya hace mucho tiempo que se ha dicho hasta la saciedad esto de que no hay problema sin solución. El único aspecto que yo estoy añadiendo aquí es el económico. Estoy diciendo, ni más ni menos, que todos los problemas pueden tener una solución económica.

Ahora bien, quisiera aprovechar el ejemplo del señor enfermo para mirar cuáles son aquí los problemas, que no son pocos.

En primer lugar, está la asistencia sanitaria que requiere el enfermo en su enfermedad. Ese sí que es un problema. Hay muchos países del mundo en los que la asistencia sanitaria no les está garantizada a sus ciudadanos, por lo que tienen que ser ellos mismos quienes se costeen sus gastos médicos y asistenciales, ya sea a través de empresas aseguradoras o de sus ingresos propios. Este es un claro ejemplo de un "problema" cuya solución es clara y evidentemente económica. No vamos a buscar curarle el cáncer, porque ya sabemos que no podemos hacerlo. Pero lo que sí vamos a hacer es a tratar el problema de la asistencia sanitaria requerida, y eso lo solventamos con dinero.

Seguimos con el mismo ejemplo.

Otro de los problemas que surge aquí es el sufrimiento de la familia del enfermo, en este caso, de la señora que amablemente nos acaba de hacer su aportación. ¿Podemos acabar con ese sufrimiento con dinero? ¿Es ese sentimiento un problema para esa señora? Creo que no. Su condición de persona, de ser humano, le hace ser vulnerable al sufrimiento de sus seres amados, al dolor, a la enfermedad, a las preocupaciones de sus familiares, etc. ¿Podemos borrar esa capacidad de sentir en ella? Pienso que no. Aunque hay personas cuya capacidad de sufrimiento, de empatía ante el dolor ajeno es casi nula, como podrían ser por ejemplo, los criminales en serie, los asesinos múltiples, etc., la mayoría de nosotros no disponemos de la facultad, de la capacidad de liberarnos a voluntad de los sentimientos. ¿Qué tendríamos que hacer entonces? ¿Cómo solucionarlo?.

Tenemos que hacer como los de alcohólicos anónimos; asumir nuestra enfermedad para comenzar a tratarla.

Hay que distinguir entre "librarnos del dolor" y "hacerlo llevadero". Lo primero, para mí en particular, resultaría imposible. En consecuencia, siendo así, deja de ser un problema, y no tengo razón alguna para perder el tiempo buscándole una solución, porque simple y llanamente, no la tiene. Ya lo he dicho y lo recalco: si no es un problema, no tiene solución. Solo los problemas la tienen.

Lo que sí tendría solución sería lo segundo; cómo hacer llevadero el dolor, la atenuación del sufrimiento. Os aseguro, que en este caso, sí que es de capital importancia el elemento económico. Quienes tienen una mayor capacidad económica, podrán superar antes el sufrimiento causado por la pérdida del ser amado, la enfermedad incurable, etc. Los que no, tardarán más. No es igual que usted se embarque en un crucero por las Islas del Caribe para intentar superar su dolor, que quedarse por obligación y por fuerza, atado a los lugares en los que ocurrieron los acontecimientos que tanto dolor le han causado. Creo que esto es algo que no podemos negar.

Bien..., continuamos.

Les decía antes que en mi libro, "El Cambio", intento hacer ver que existe un camino, una ruta para cambiar nuestra forma de pensar. Para eso ya les he señalado uno de los principios fundamentales de mi teoría; considerar qué es un problema y qué no lo es, y después de ello, entender y asumir que todo problema puede tener una solución económica.

Ahora les plantearé el segundo punto álgido de mi tesis, y después, les mostraré el camino, el procedimiento que tienen que seguir para llegar a la solución de todos vuestros problemas, que es la verdadera y única pretensión de mi libro.

¿Osado no?

(Murmullos generalizados)

Seguimos.

Lo siguiente que tenemos que hacer, es extraer de nuestro cerebro una idea maligna que hemos arrastrado de generación en generación. Desde hace unos cuantos siglos, se nos ha sembrado en el cerebro la absurda tesis de que ser rico es malo, es pecado.

No es nuestra culpa pensar así. No nos culpemos de una torpeza que no hemos creado a voluntad. Esto tiene mucho que ver con las religiones, y siento mucho que algunos de los presentes se tomen a mal lo próximo que voy a decir, es decir, que no les sea agradable. No les pido que compartan mis criterios, sí que los interpreten, los analicen, los piensen con detenimiento.

Las religiones han condenado a la humanidad a la miseria, al hambre, a la necesidad, al dolor y al sufrimiento.

Consideran, y lo gritan en cada misa, y en cada culto religioso, que ser rico es pecado, que es malo, que es egoísta. Obviamente no lo dicen con estas mismas palabras, pero es claro que ensalzan la virtud de la pobreza y del sufrimiento por encima de la del disfrute, del gozo material, del bienestar económico. Sugieren que el que más tiene es más miserable, más ruin, más canalla. Por contra, el pobre de recursos materiales, ya ha conseguido con su pobreza, con su miseria, dar un paso adelante en el camino de la salvación espiritual, del acercamiento a Dios.

Se basan en la palabras plasmadas en los evangelios:

"Es más fácil que un camello entre por el ojo de una aguja a que un rico entre en el reino de los cielos"

Sin embargo, paradójicamente, dicen que Dios es amor, que Dios nos ama como amó a su hijo porque todos somos sus descendientes.

Entonces..., me pregunto yo, ¿Cómo puede querer Dios que nos sintamos bien siendo pobres? ¿No le alegrará a Dios nuestro disfrute, así como nos alegra a nosotros el disfrute de nuestros propios hijos?

Pienso que esta concepción errónea de las religiones, nos ha condenado a la pobreza, a la miseria, a las carencias. Nos condena a tener que vivir intentando sentirnos bien en medio de las penurias económicas.

Yo propongo librarnos de esas ataduras. En una palabra; cambiar.

Se nos ha enseñado desde niños, que no tenemos el derecho de aspirar a lo bueno porque es egoísta; que no hay que disfrutar ni luchar por obtener riquezas porque es malo, cruel, monstruoso, bestial.

Tenemos que comenzar por allí el cambio; sustituyendo esa idea absurda que nos han metido en la mente de que ser pobre es bueno.

¡No, no y mil veces no!

A partir de ahora vamos a pensar que ser pobre es pecado, y que ser rico es lo bueno, lo que Dios quiere para todos sus hijos.

(Sonrisas generalizadas y murmullos)

La pobreza no es una situación material de las personas con respecto a su posición frente a lo material; quien tiene más cosas es más rico mientras que el que menos tiene es más pobre. ¡No, no, y radicalmente no!.

La pobreza es una "forma de pensar", al igual que la riqueza. El hombre rico no es aquel que "tiene" mayor cantidad de bienes materiales, sino el que "piensa" de una forma determinada. El que piensa como rico. Es exactamente igual que para los pobres.

Esto no me lo estoy inventando hoy aquí. Es algo que está más que demostrado. Unos estudios serios, realizados en Estados Unidos sobre personas que han ganado a la lotería, demostraron sin lugar a dudas, que quienes eran pobres al momento de recibir el premio, al cabo de pocos meses habían retornado a su condición inicial o estaban peor que antes, mientras que los que eran ricos, o que por lo menos no se les podía atribuir la cualidad de "pobres" en el sentido como lo entendemos comúnmente, al cabo de muy poco tiempo estaban mucho más ricos que antes de recibir el premio.

Si hoy en día le quitan a los ricos todo lo que tienen y se lo dan a los pobres, a la vuelta de muy poco tiempo, los ricos estarán tan o más ricos que antes, y los pobres habrán vuelto a estar en el mismo lugar que estaban antes de recibir las riquezas, o lo que es más grave; estarán mucho peor.

Si tomamos esta máxima como cierta, y así debe ser para que se pueda producir el cambio, lo único que tenemos que hacer, es "cambiar" nuestra forma de pensar de pobres a la de ricos.

¡Y ya está! ¡Ya somos ricos!

«Mmmmmm..., muy interesante...» Seguramente estaréis pensando ahora mismo.

(Rumor de sonrisas generalizadas)

Vamos ahora al centro de la cuestión, lo que todos están esperando: ¿Cómo realizar el cambio? Esto es lo que pretendo resolver. Porque está muy bien decir que hay que hacer esto o aquello, pero si no explicamos el cómo, no tiene sentido el mensaje. El "cómo" es tan importante como el "que". ¿Qué tendríamos que hacer para cambiar nuestros pensamientos, para comenzar a pensar de forma diferente, de manera distinta?

Propongo una vía, un camino. Se trata de un método fácil, sencillo. Supone una vuelta a los principios socráticos.

«¿Dónde está la verdad?» Se preguntaba Sócrates.

A su vez, él mismo se respondía:

«La verdad está dentro de cada quien. No hay que buscarla fuera, sino dentro, en el interior de cada quien»

De allí que mi propuesta va dirigida a buscar esa verdad con la que cada uno de nosotros puede cambiar su forma de pensar.

¿Dónde está el secreto? ¿Cómo conseguirlo?

Quienes han leído el libro ya lo saben. Lo que no, se los adelanto, y estoy seguro que con ello no van a dejar de leerlo, como cuando a uno le cuentan el final de una película, o de una historia. Al contrario.

El secreto está en la meditación profunda. Se trata de realizar un viaje a las profundidades del "ensimismamiento", si se me permite la expresión. Allí encontraremos la solución. Quienes habían pensado que yo les iba a decir cómo cambiar de forma de pensar de pobre a rico, se equivocaron. No soy yo quien os lo va a decir, sino vosotros mismos.

Hay una voz que vive en el interior de cada uno de ustedes. Una voz que está esperando a que logren establecer comunicación con ella para explicarles lo que tienen que hacer para salir de sus múltiples problemas.

Yo lo hice; yo escuche mi voz. Gracias a ella estoy aquí hoy con ustedes, explicándoles lo que tienen que hacer para solucionar vuestros problemas, para hallarle un sentido a vuestras vidas, y encaminarse definitivamente por la senda del bienestar económico y el progreso material.

Fue mi voz la que me dijo:

«Escribe el libro y ya verás que vas a tener éxito»

Y así fue. Han transcurrido poco más de dos años desde que salió publicado, y ya se está vendiendo en todos los rincones del planeta y traducido a diez lenguas distintas.

No he venido a solucionar vuestros problemas, sino a mostrarles una ruta, un camino, un sendero. Les ofrezco un método, unas técnicas, unos procedimientos para ayudarles a escuchar esa voz que hará posible el cambio en vuestras vidas.

El libro les dará unas pautas precisas, concretas y muy específicas de los pasos que hay que seguir para llegar hasta ese submundo inmensamente desconocido que hay dentro de nosotros mismos. Una vez allí, lo veremos todo claro. Surgirá la luz espontáneamente, y podremos por fin lograr lo que tanto anhelamos, lo que tanto buscamos; comenzar a pensar de forma diferente, distinta. En una palabra; cambiar.

(Aplausos generalizados)

Para finalizar, y comenzar de una vez con la firma de ejemplares, quisiera dedicaros la respuesta que una vez dio Confucio, el gran maestro chino, a una pregunta de sus discípulos:

—Maestro —le preguntaron—; ¿qué has ganado con la meditación?

—¡Nada! —les contestó él—; solo he perdido. He perdido el miedo a la vejez, a la soledad, a la enfermedad y a la muerte.

Nuevamente se escucharon aplausos, esta vez con mucha más fuerza que antes, y la gente se puso de pie en señal de homenaje y respeto hacia mi padre.

En aquel momento, un intenso escalofrío me recorrió el cuerpo de arriba a abajo. Me sentí inmensamente orgullosa de ser su hija. Cómo para no estarlo...

Querida Dafne:

Aparte del tema de la presentación del libro de mi padre, también quería comentarte que en estos días pasados conocí la ciudad de Caracas un poco mejor. Mi padre me llevó a conocer el Metro, el Boulevard de Sabana Grande (uno de los sitios comerciales más concurridos de la ciudad), la casa donde nació Simón Bolívar, el Panteón Nacional (donde tienen guardados sus restos en un sarcófago), la zona del Silencio, los miradores de la Cota Mil y el teleférico, desde el que subimos a una zona que tiene un hotel que está cerrado, y por el que pasamos sobre el que llaman el "Cerro El Ávila", lo que aquí se conoce como el pulmón vegetal de Caracas. Es como una especie de mini - cadena montañosa que abarca toda la ciudad de un lado.

También quiso mi padre llevarme a conocer dos parques de recreo y esparcimiento; el parque del este y el parque del oeste. El primero está ubicado en la zona "pija" de la capital, y el segundo en la zona más cercana a los pobres. Desde allí se pueden ver mejor los cientos y cientos de ranchos de gente humilde, y también unos bloques inmensos de apartamentos de una zona muy conflictiva y peligrosa conocida como "El 23 de Enero".

Las calles y avenidas se encontraban en colapso permanente, constante. Eran ríos interminables de gente por dónde uno se metiera. En las aceras, decenas de personas montaban ventas de todo lo que te puedas imaginar; empanadillas, perros calientes, frutas, verduras, periódicos, revistas, libros, sopa, arroz chino, figuras de santos, tabaco, cervezas, refrescos, golosinas, ropa, etc.

Había mujeres que caminaban haciendo equilibrio con cestas inmensas en la cabeza, llenas de aguacates. Nunca los había visto tan grandes.

Las guaguas y los coches viejos siempre andaban perfumándolo todo con sus fétidas emanaciones de monóxido.

El ambiente era caluroso, sofocante.

Cuando andaba por esas calles, sentía que me llenaba de una sensación de agobio, porque tenía que estar pendiente de todo; de que no me quitaran lo que llevaba encima, de los motorizados que no respetaban ni siquiera las aceras, de los perros callejeros que andaban por doquier como si nada, de las aglomeraciones de gente, etc.

Mi padre no me quitó la vista de encima un solo momento, ni yo a él. ¿Te imaginas lo que habría ocurrido si repentinamente volteara a mirarlo y no lo hubiese visto? ¿Te imaginas que me hubiese perdido en medio de aquellas multitudes? Habría sido terrorífico. En los momentos más álgidos, me tomaba de la mano, sujetaba por la ropa o asía de un brazo.

No faltaron las anécdotas.

La primera fue en una guagua que tomamos para ir hasta el parque del oeste. A mitad de camino, un chico sacó una pistola, dijo que todo el mundo se estuviera quieto y no nos pasaría nada, y luego les quitó la cartera a tres señoras que iban de pié por falta de asientos, después de haberlas amenazado con pegarles un tiro allí mismo. Seguidamente, se fue hasta el conductor y le colocó la pistola en la cabeza exigiéndole que se detuviese y le entregara la recaudación del día. El conductor detuvo la marcha y le entregó todo lo que tenía. Posteriormente, el malhechor se apeó y se fue caminando entre la muchedumbre que andaba a esa hora por las aceras, como si nada. Esto ocurrió a plena luz del día, a las once y media de la mañana. A Dios gracias que mi padre y yo nos habíamos sentado en los últimos lugares de la guagua, y no nos quitaron nada.

Para mí fue una experiencia surrealista, insólita. Fue como que me hubiesen subido y bajado de una montaña rusa varias veces al mismo tiempo. Creo que nunca antes en mi vida me había sentido tan aterrorizada. Un nudo inmenso me atenazó la garganta, unas ganas enormes de llorar me asaltaron repentinamente, y el corazón se me aceleró hasta límites insospechados.

Cuando, media hora después, llegamos a nuestra parada y nos bajamos de la guagua, las piernas me temblaban con flanes. Tuvimos que entrar a un bar cercano en el que mi padre me compró un refresco medio rojizo que aquí llaman "frescolita", y sentarnos un rato en unas sillas a recuperarnos del susto.

La segunda anécdota ocurrió en una "arepera". Es como un cafetería en la que venden arepas, una especie de bollo de harina de maíz muy rico que sirven relleno con lo que uno pida (carne, pollo, queso, jamón, etc.) Bien pues estando allí con mi padre y el tío Gustavo, y mientras me bebía un zumo de naranja natural y me comía una arepa rellena con carne mechada, vi como tres sujetos agarraron a uno que se estaba comiendo su arepa tranquilamente cerca de nosotros, le hicieron una llave de judo por detrás, le quitaron la cartera y el reloj, y lo dejaron tendido en el suelo. Seguidamente, los tres malhechores se fueron caminando entre la multitud como si nada hubiese pasado.

Lo más insólito de todo, a mi modo de ver, fue que en ese momento, contando con nosotros, habría unas veinte personas de pie comiendo arepas, y nadie movió un dedo ni hizo nada por evitar el atraco del pobre desgraciado.

El hombre se levantó del suelo, se sacudió un poco, se arremangó los pantalones y se fue por el lado contrario del que se habían marchado sus agresores.

Te juro que en ese momento pensé que estaba soñando, y que estaba teniendo una pesadilla. Una vez pasado el susto y el desparpajo, me eché a llorar como una bebé. Fui presa de un ataque de nervios, de angustia, solo aplacado una vez que llore largo y tendido.

Es evidente que andar por las calles aquí es como subirse a una rueda de la fortuna, que no sabes en qué momento te tocará el premio, ni si te tocará a ti o al que esté a tu lado.

Otra cosa que he visto estos días y que me ha llamado mucho la atención también, es la publicidad y la programación que hay en las televisoras. En casi todos los canales pasan montones de programas y de publicidad alusivos al amor que le tiene el pueblo a Hugo Chávez. Al menos seis de los canales comerciales que hay aquí solo hablan de la adoración del pueblo por su líder. Dos de ellos son del Estado.

Resulta obsceno, repulsivo, escuchar lo mismo a cada rato y en todas partes:

«¡Chávez: El pueblo te ama!»

Hay incluso una canción, que entre otras lindezas dice:

«Mi comandante; siempre te voy a amar...»

Es más que evidente que los autores de semejantes mensajes no tienen el menor sentido del ridículo. Pocas veces en mi vida he visto absurdos semejantes. Mi padre me ha dicho que esta es una forma de lavarle el cerebro a la gente y de mantenerlos idiotizados, y que este tipo de aberraciones son importadas de regímenes dictatoriales y personalistas como el régimen cubano, donde Fidel Castro es muy superior al mismísimo Dios, o el régimen de Corea del Norte, en el que la adoración insuficiente de Kim Jong II, está penada con cárcel.

Por otro lado, decirte que en la visita al Panteón Nacional nos acompañó el tío Gustavo y Judith. Es una especie de mausoleo inmenso o monumento sepulcral que desde afuera se asemeja a una iglesia. Fue construido en 1.875 por el entonces presidente Antonio Guzmán Blanco. Allí reposan en una urna cerrada expuesta a la vista general, los restos de

Simón Bolívar. También están sepultados los restos de otros de los presidentes ilustres y próceres de la independencia venezolana.

«¡Ay Bolívar! —dijo Judith cuando ya habíamos salido—; ¡cuánta falta le haces a tu pueblo!»

Escuchando sus palabras, un escalofrío intenso me recorrió el cuerpo entero. En ese momento pensé que quizás, por no haberse demostrado lo contrario, sí que sea cierto que existe otro mundo espiritual. Un mundo al que vamos todos después de muertos, y que gracias a eso, o como consecuencia de ello, los espíritus del inframundo sigan manipulando nuestras mentes desde allá, desde el otro lado. No se entiende de otra forma (o es que a lo mejor mi brutalidad es tan inmensa que yo no soy capaz de entenderlo), tanta veneración por este hombre.

¿Y si es cierto? Hay mucha gente que lo afirma con vehemencia. ¿Si es cierto que ese otro mundo existe, y que desde allá los muertos siguen nutriéndose de nuestras alabanzas, y que por eso el que se muere deja de ser malo para que todos comiencen a verlo como bueno?

Es posible que esa sea la forma que tienen los muertos de alimentarse estando en el más allá.

¿Será posible que ellos sepan de nosotros sin que nosotros podamos acceder a ellos? ¿Será que están entre nosotros y pueden escuchar lo que les decimos, lo que les hablamos?

Cavilando sobre estas cosas, se me ocurrió que quizás, si le escribía una carta a Simón Bolívar estando aquí, en Venezuela, él podría leerla, acceder a su contenido. La metería dentro de Tobi, el osito de peluche que me sirve de almohada.

En la noche, después de la cena, me retiré a mi habitación dejando a mi padre en sus eternas e interminables conversaciones con el tío Gustavo. Una vez allí, comencé a escribir la carta para Simón Bolívar.

Te anexo su contenido. Espero que te guste, y que no pienses que este país me está volviendo chiflada. Yo ya estaba loca cuando llegué.

Estimado señor Simón Bolívar:

Me he tomado el atrevimiento de escribirle estas palabras para pedirle por el pueblo venezolano. Espero que sepa perdonar usted tanta osadía, tanto descaro.

Quiero implorarle, en estas cortas líneas, que se apiade usted de ellos, que los libere del yugo de esa extravagante y absurda idolatría por usted.

¡Déjelos en paz! ¡Déjelos vivir!

No es justo que en su momento les haya librado de unas ataduras atroces para dejarlos sometidos a otras peores.

Se quejaba usted de los años de dominación del imperio español para justificar la necesidad de avanzar sin más demora por los caminos de la libertad, en aquella famosa pregunta suya hecha en la Sociedad Patriótica: "¿Es que acaso trescientos años de calma no bastan?".

Ahora soy yo, una venezolana condenada a vagar por el mundo sin pertenecer a ningún sitio, la que viene a suplicarle encarecidamente que se erija en nuevo libertador; en libertador del pensamiento subordinado a usted.

Libere a su pueblo del sometimiento resignado a usted, al endiosamiento de su recuerdo. Hágales ver que ellos también pueden llegar a ser como usted, o superiores, que nadie nace con el derecho innato de ser más que sus semejantes, que no es buena la adoración de líderes, que a quien tienen que adorar es a sí mismos, a sus familias, a sus esposos o esposas, a sus padres y madres, a sus abuelos y abuelas, a sus hijos e hijas.

Hágales entender que pueden, pero sobre todo que "deben" crear sus propias ideas, sus propios pensamientos, sus propios discursos, como ese que dio usted en Angostura en el que decía, entre otras cosas, con la grandilocuencia que siempre le caracterizó:

«Volando por entre las próximas edades, mi imaginación se fija en los siglos futuros, y observando desde allá, con admiración y pasmo, la prosperidad, el esplendor, la vida que ha recibido esta vasta región, me siento arrebatado y me parece que ya la veo en el corazón del universo, extendiéndose sobre sus dilatadas costas, entre esos océanos que la naturaleza había separado y que nuestra Patria reúne con prolongados y anchurosos canales.»

Dígales que no tomen sus discursos como los cristianos a la oración del padre nuestro, sino como las notas de un soñador de paso, de una golondrina que erróneamente intentó hacer el verano por su propia cuenta.

Pídales que olviden ese sueño absurdo del nacionalismo, de la unión. Cuénteles cómo, a causa de los delirios nacionalistas, ha habido millones de muertes tan solo en el siglo pasado, en las dos guerras mundiales, y las sigue habiendo hoy en día en todo el planeta.

Intente hacerles ver que deben volcar sus esfuerzos en construir fuentes de trabajo, hospitales para sus enfermos, universidades que funcionen, servicios públicos eficientes y generaciones que se respeten y se quieran más a sí mismos y a sus familias.

Hábleles de lo inmensa y colosalmente pequeños que somos ante la vastedad del universo. Dígales que hay seis mil millones de estrellas como nuestro sol, solo en nuestra galaxia, y que se estima que más hay seis mil millones de galaxias como la nuestra en un universo al que nadie aún ha encontrado fin.

Intente hacerles ver que de nada sirve dedicar sus vidas a perseguir quimeras cuando se es, como nosotros, la raza humana, tan infinitesimalmente pequeño. Hágales ver que un grano de arena en el desierto del Sahara es más grande que nosotros en el universo.

Libérelos del sufrimiento de esas ataduras a usted, a su veneración, a su recuerdo. Quizás, logre así alcanzar por fin ese sueño que siempre tuvo, de ser el libertador auténtico de su pueblo, a la vez que mesías en su propia tierra.

Quizás, así lo dejen descansar en paz de una vez por todas, que es lo único a lo que, en mi modesta opinión, debería aspirar todo muerto.

Con todos mis respetos:

Ana Cristina Díaz González.

Caracas, Marzo de 2.012

SÁBADO 10 DE MARZO DE 2.012

Llegada a Maturín. Salida con amigos.

Querida amiga:

Hoy llegamos a Maturín después de ocho horas de viaje por carretera en guagua. Fue un viaje bastante largo, pero resultó entretenido porque venía viendo por el camino todos los pueblos y sus gentes en las calles y carreteras. Además, mi padre me venía hablando de cada lugar por el que pasábamos y contándome anécdotas de su infancia y de las muchas veces que había hecho esta ruta en su vida.

El viaje en la guagua lo hicimos de día. Salimos a las ocho de la mañana de Caracas y llegamos a Maturín a las cuatro de la tarde. En Caracas se quedaron los amigos que amablemente nos recibieron y nos atendieron toda esta pasada semana, y el tío Gustavo, que trabaja y vive allá.

La carreteras estaban en muy mal estado. El parque automotor en general, también, aunque la guagua en la que viajamos estaba bastante bien. Tenía aire acondicionado, televisión y hasta un pequeño baño, y era de las de dos plantas, como las que hay en el Reino Unido. Mi padre se aseguró de que nos dieran los asientos con mejores vistas, aunque para ello tuvo que sobornar a los de la empresa de transporte y al chofer y a su ayudante.

Pasamos por una zona en la que solo hay negros. Parece una colonia, un territorio exclusivo de gente de color.

"Barlovento" me dijo mi padre que se llama. Es un pequeño poblado ubicado a orillas de la carretera. Es difícil no darse cuenta, porque por mucho que te esfuerces, no se ve un solo blanco. Al menos yo no vi a ninguno. Y no se trata de negros de cualquier tipo, sino de negros de los de piel tan, pero tan oscura, que se vuelve violeta a contraluz. De lejos solo se les distinguen los dientes y el blanco de los ojos.

Aunque he visto mucha gente de color en este país, la gran mayoría son de piel de color canela; marrón claro.

La forma de hablar de la gente también es distinta, dependiendo de la región en que te encuentres. Me dijo mi padre que hay varios dialectos, varias formas de expresarse en la misma lengua castellana. Los de Caracas hablan de una manera propia, y aun en la misma ciudad, hay formas de hablar distintas dependiendo de la zona en la que te encuentres. Los orientales, que es hacia donde nos dirigimos, tienen una forma de hablar muy rápida, y hacen mucho énfasis en las "erres", que muchas veces sustituyen por las "eles" (por ejemplo: "Muchacho er´ Diablo", para decir "Muchacho del Diablo", una expresión típica de aquí). Los occidentales varían también, dependiendo de la zona en que se encuentren; si estás en los Andes, hablan muy parecido a los Colombianos; los de la zona de Maracaibo hablan usando mucho la quinta persona (por ejemplo: "Vos no me vengáis ahora con ese cuento..."); los de más al centro, de la zona que llaman Barquisimeto, hablan también bastante rápido, usando mucho la expresión "guaro"; y los de los llanos centrales, también se identifican con un estilo propio; medio cantado.

Por el camino vi mucha gente vendiendo cosas; comidas, frutas, bebidas, etc. Nos acompañó un sol intenso durante toda la trayectoria. El cielo estaba despejado totalmente por dondequiera que se mirase. Su azul tiraba un poco hacia el dorado, de la intensidad tan fuerte con la que el sol lo bañaba.

Otra cosa que me llamó mucho la atención, fue la cantidad de perros muertos que vi por el camino. Sin exagerarte, debieron ser al menos diez.

También vi muchos puentes sobre ríos de todos tipo; grandes y pequeños; marrones, grises y claros; caudalosos y ligeros, etc.

La vegetación era muy abundante por donde se mirase. Con zonas de árboles gigantescos y altos, y maleza intrincada, espesa.

También pasamos cerca del mar. Durante un buen trecho del camino se podía ver a lo lejos playas de color turquesa, arenas blancas y ardientes, y altos cocoteros.

El Chofer hizo un alto a mitad del camino para tomar un descanso en una zona llamada "El Guapo". En ella había varias casuchas pequeñas donde la gente vendía empanadas fritas, cerdo frito, cachapas con queso (la cachapa es una especie de pan hecho con maíz tierno molido), arepas, refrescos, etc.

En uno de los locales más grandes, en el que había una estación de combustible, hice una pequeña cola para entrar al baño, pero una vez dentro, me arrepentí. Estaba tan sucio y asqueroso, y con un olor tan repugnante, que me dio miedo contagiarme de alguna bacteria si apoyaba mi culo en semejantes váteres. Como no tenía tanta premura, esperé a llegar a nuestro destino.

Al llegar a Maturín me di cuenta de lo poco que me había exagerado mi padre. ¡Cuánta razón tenía!. Es una ciudad muy calurosa; hirviente. Es obligatorio andar vestido con ropas ligeras, livianas. En cuanto salimos de la protección del aire acondicionado de la guagua, sentí el fuerte resplandor del calor del ambiente en la cara. Sin embargo, me dijo mi padre que la temperatura no llegaba a los cuarenta grados en ese momento, que quizás hubiésemos estado en treinta y cinco grados a lo sumo. Pero para mí que estábamos a más de cien.

En la terminal de pasajeros nos esperaba otra comitiva compuesta por Amílcar, el otro hermano mayor de mi padre, y una decena de amigos y parientes. Nos hicieron varias ofertas para quedarnos en sus casas esta semana que vamos a estar aquí, pero mi padre las declinó todas amablemente porque ya teníamos pagado un hotel con todo incluido.

Decenas de amigos y conocidos de mi padre vinieron a saludarnos al hotel. Al parecer, era muy conocido aquí, y gozaba de muy buena reputación.

También vinieron muchos a que mi padre les firmara el libro. Según me dijo, no tenía pensado realizar ningún tipo de presentación formal.

Por la noche salimos con Roberto y Alicia, y Teófilo y Yitza, dos parejas amigas de la juventud de mi padre. Fuimos con ellos a un lugar típico de aquí, donde vendían comidas, bebidas y varios grupos de música tradicional venezolana deleitaban a los comensales. Estuvimos comiendo carne asada. Me dieron a probar el casabe, una especie de pan tostado hecho con las raíces de la planta de la yuca, típica de esta zona. También nos sirvieron una especie de tubérculos hervidos y fritos, que aquí llaman "ocumo chino". No estaba mal con el queso y la carne asada.

Mañana por la mañana vamos a dar un paseo por Cantaura, una población ubicada a unas dos horas por carretera desde donde estamos ahora mismo. No sé qué empeño tiene mi padre con que vayamos allí. Según me ha dicho, va a ser la primera vez en su vida que visite esa zona, igual que yo. Eso me ha hecho crecer las expectativas.

Ya veremos qué se trae entre manos...

DOMINGO 11 DE MARZO DE 2.012

Visita a los Changurriales del Morocho Evans. La Masacre de Cantaura. Historia de Sor Fanny Alfonso Salazar y de otros idealistas. La Intervención Cubana en Venezuela. Desembarco de Machurucuto. La formación de guerrilleros venezolanos en Cuba. La fuga del Cuartel San Carlos. El Secuestro de Niehous. La Masacres de Yumare y del Amparo. Incidencia de los sucesos de Cantaura en las vidas de los miembros de la familia. Consecuencias directas e indirectas de la tragedia.

Querida Dafne:

Como te dije ayer, hoy mi padre me llevó en un coche alquilado de agencia, a dar un largo paseo cerca de una población ubicada a unas dos horas por carretera de la ciudad de Maturín, conocida con el nombre de "Cantaura".

El camino se me hizo corto. Debe ser porque iba viéndolo todo con mucha curiosidad, con mucho esmero. También, porque mi padre iba hablándome de su madre, relatándome historias y cuentos de su infancia y de su vida sacrificada.

Las carreteras eran angostas, estrechas. Solo cabía un coche por lado, y la mayoría no tenían arcén. El cielo estaba despejado de nubes y muy brillante, resplandeciente. Los paisajes eran enormes, infinitos. La vista se te perdía a lo lejos, donde apenas se veían unas montañas de color azul oscuro. Por esa zona no había bosques, sino llanuras abiertas, grandes extensiones de terrenos sembradas de cereales; maíz, sorgo, trigo. Eran miles y miles de plantas sembradas, máquinas cosechadoras, sistemas de riego esparciendo agua, tractores, obreros trabajando la tierra, montes y praderas llenas de aire puro, limpio, fresco. También había mucho ganado. Decenas de cientos de vacas pastaban tranquilamente bajo un sol inclemente. Bebederos inmensos con molinos de viento extraían las aguas del subsuelo, y alrededor de ellos, las reses se turnaban para beber

En algunas partes había enormes torres de extracción petrolífera con balancines columpiándose parsimoniosamente arriba y abajo, una y otra vez. Contemplarlos, resultaba hipnotizador, relajante. Eran como enormes pájaros carpinteros que subían y bajaban sus cabezas una y otra vez sin descanso, muy despacio; como a cámara lenta.

También había inmensas chimeneas de las que brotaban enormes llamaradas, quemaban los gases no comerciales de la producción petrolera. Eran tan formidables, que parecía como si estuviesen calentando el cielo.

Unos cuantos kilómetros antes de llegar al pueblo de Cantaura, nos detuvimos en una zona conocida con el nombre de: "Los Changurriales del Morocho Evans". Era un lugar prácticamente desierto y despoblado, con árboles medianos y grandes, de los de lianas y barbas colgantes. Toda la zona era llana, plana e inmensa. El aire que se respiraba era muy puro, muy limpio, aunque en el ambiente se percibía un leve perfume de flores silvestres, de montes, y se escuchaba el silbido continuo del viento al chocar contra decenas de arbustos erguidos de una sola pieza. "Mastranto" me dijo mi padre que los llamaban. Eran los causantes del aroma. Se trata de una especie de plantas herbáceas aromáticas, de entre el metro al metro y medio de alto, con tallos más o menos ramosos y hojas pecioladas, aserradas. Sus tallos eran muy espinosos, como los de los rosales, y sus hojas, opuestas, aromáticas, ásperas y de borde aserrado. Me pareció que su perfume era ligeramente mentolado. Algunas abejitas hurgaban entre sus pequeñas florecillas, que se mantenían unidas en ramilletes y eran de colores blanco y lila.

En un apartado del camino, llegamos a donde había una placa grande con fondo negro, erguida en una especie de monumento más alto que yo. En ella se podía leer una veintena de nombres escritos en color dorado. Era evidente que se trataba de uno de esos lugares en los que se rinde tributo a la memoria de algún difunto, porque, a los pies del pequeño monumento, había varios velones encendidos, y unas flores recientes colocadas en jarrones con agua.

Bajo la sombra de un frondoso árbol, envueltos por los aromas del mastranto, y arrullados por el canto del silbido del viento, mi padre y yo nos sentamos en el suelo sobre una colcha de hojas secas. Fue una sensación muy agradable. Me sentí libre, pletórica, exultante. El contacto directo con la naturaleza me llenó de energía. Me quité los zapatos y las medias y caminé descalza durante unos instantes. Hundí los pies ligeramente entre la tierra, que era negra, fértil, orgánica.

—Quizás haya sido allí —dijo mi padre—, en ese preciso lugar en el que te encuentras, donde se haya desencadenado una de las mayores injusticias cometidas en este país, y la mayor de las causas de los trastornos de nuestra familia.

Sus palabras me llenaron de curiosidad, como no podía ser de otra manera.

—¿Cómo es eso? —le pregunté intrigada, al tiempo que volvía a su lado para sentarme nuevamente sobre el colchón de hojas secas.

—Te cuento —dijo—. Allá, por el año de 1.972, cuando yo solo tenía cinco años de edad, Enrique, uno de mis tíos maternos, asistió, por pura casualidad, a la coronación de la reina de la primera feria del mar en la ciudad de Puerto La Cruz, a unas dos horas de este lugar. Por esas cosas del destino que nadie sabe cómo ni por qué ocurren, mi tío quedó automáticamente hechizado con la ganadora del certamen.

Se trataba de una chica guapísima, de veintidós años de edad, estudiante de Sociología, y conocida con el nombre de Sor Fanny Alfonso Salazar. Durante algún tiempo, él, como muchos otros, anduvo cortejándola, pretendiéndola, pero ella no andaba pensando en amores, sino en cosas mucho más complicadas. De forma secreta, estaba manteniendo reuniones con otros más para iniciar una lucha armada, subversiva, contra el estado venezolano. Se había prendado del deseo de cambiar el sistema, después de años de contacto directo con la realidad de los más pobres, de los más débiles, e inspirada como muchos otros de su época, en el triunfo de la revolución cubana de 1.959.

—¿La del Fidel Castro ese no?

—Si, exactamente. Fue el movimiento armado con el que un puñado de barbudos asentados en unas montañas cubanas conocidas por el nombre de "Sierra Maestra", derrocaron al que por entonces fungía de presidente de Cuba; el dictador Fulgencio Baptista. Un grupo relativamente pequeño de hombres, encabezado por Fidel Castro y su hermano Raúl, iniciaron un movimiento armado que los condujo al derrocamiento de la dictadura y a la entronización de su poder omnímodo.

—¿Qué es eso de omnímodo, qué significa?

—Que lo abraza y lo comprende todo. Pero bueno, que no viene ahora al caso hablar de la dictadura cubana. Te lo digo para que te sitúes en el contexto de lo que te estoy contando. Mi tío, obsesionado con la chica, le estuvo siguiendo la pista durante años. Se inscribió en su misma universidad tan solo para tenerla cerca y poder verla de vez en cuando. Ella comenzó a ceder a sus pretensiones cuando el dio muestras de su interés creciente por el movimiento subversivo del que ella participaba. Así, ella comenzó a trabajar en él en un proceso de adoctrinamiento ideológico, introduciéndolo en el conocimiento de los elementos fundamentales de las doctrinas marxistas – leninistas.

—¿Qué elementos son esos?

—La lucha de clases, la dictadura del proletariado, el rechazo por las religiones, la confrontación armada, etc.

—Ahora si es verdad que no te entiendo.

—Verás... —dijo tomando aliento— Esa gente tiene su propia interpretación de las cosas, su propia forma de ver el mundo. Se rigen por los postulados que dejó escritos en sus obras Karl Marx, un filósofo alemán que vivió entre los años 1.818 al 1.883. De allí les viene el nombre de "marxistas". Se trata de unos análisis rigurosos, científicos. Parten de la base de una concepción materialista del mundo, es decir, de la idea de que la humanidad ha evolucionado y se ha desarrollado desde una óptica eminentemente material, física. De allí que desechen toda idea que tienda a lo espiritual; a lo divino. Rechazan las religiones, de las que dicen ser "el opio del pueblo", es decir, la droga que usan los pueblos para abstraerse de la realidad material, para alejarse de ella. No creen en Dios, son ateos. Analizando la historia, las formas de relacionarse de las personas en las distintas etapas por las que pasado la humanidad, han creado una disciplina a la que han llamado "La Ciencia del Materialismo Histórico". Ven en el hombre a un trabajador explotado que debe unirse con los demás para tomar el control absoluto del poder político y económico por ser la unidad fundamental de producción, de generación de riquezas. Piensan que no debería existir más que una sola clase social; la de los trabajadores, y que mientras esto no ocurra, seguirá existiendo la lucha de clases. Partiendo de esta idea, llaman a todos los trabajadores del mundo a unirse diciendo que la lucha de clases llegará a su fin cuando los trabajadores del mundo asuman por la fuerza sus propios destinos. Dicen que esto solo puede producirse mediante la "dictadura del proletariado", es decir, de la dictadura de los trabajadores sobre sí mismos (proletario quiere decir trabajador). Predijeron el final del capitalismo, pero de eso hace mucho tiempo, porque estas tesis surgieron a mediados del siglo diecinueve, y a estas alturas del siglo veintiuno los que se han tambaleado han sido los países que defendían este tipo de cosas.

—¿Por ejemplo?

—La Unión Soviética, Alemania Oriental, Bulgaria, Albania, Checoslovaquia, y Hungría, entre otros. Hasta la misma China, que aun y cuando lucha por conservar su estatus de país comunista, se ha abierto casi en su totalidad al sistema capitalista.

—¿Y por qué no se han sostenido?

—Pienso que por esa idea de tratar de imponer su ideología mediante el uso de la fuerza, de la violencia. La humanidad ha demostrado rehuirle a los regímenes autoritarios, por muy bonito que pinten el futuro. Es más, no hay país en el mundo en el que este tipo de cosas haya demostrado ser mejor para la gente, al contrario. Los pocos países comunistas que quedan en el planeta se están abriendo al sistema capitalista, porque es un sistema que permite la distribución más equitativa de las riquezas, de los beneficios del trabajo, y da la posibilidad de que la gente elija lo que quiere de forma libre y soberana. En los países de régimen comunista solo existe un único partido; el comunista, y por consecuencia, una única forma de pensamiento. Nadie puede darse el lujo de pensar diferente; tienes que tener un pensamiento acorde con los lineamientos del partido.

—¿Y lo de ser de derechas o de izquierdas viene de allí?

—¡Exactamente! Muy buena la pregunta. Los que tienden más a las ideas marxistas se dice que son de izquierdas, y los que van más por el lado capitalista se dice que son de derechas. Aunque hoy en día te puedes conseguir lo mismo a un marxista rezando en una iglesia, como a un capitalista diciendo que es ateo. A lo largo de la historia han querido encasillar a la gente en esos dos extremos; o eras de izquierda o de derecha. No podías ser de otro bando. Mas, ya hay partidos que se reconocen del centro, es decir, que no se inclinan abiertamente por uno o por otro lado.

—¿Y tú..., de qué bando eres? ¿Cómo te definirías?

—Yo soy "Anista"

—¿Qué es eso?

—Adorador tuyo y de tu madre; mis dos Anas.

Ambos reímos de la ocurrencia. Luego le volví a preguntar;

—No..., esta vez en serio. ¿Con quién te sientes más identificado?

—En serio también te contesto que con ninguno de los dos. Pienso que hay que estudiar lo bueno o lo malo que cada cual tenga que aportar. Lo que dicen los comunistas de las clases opresoras es cierto, y algo con lo que estoy absolutamente de acuerdo, pero con lo que no estoy de acuerdo es con su idea sobre la forma de implantar sus criterios, sus doctrinas. Ellos dicen que los pueblos no están capacitados, preparados mental ni culturalmente para recibir esa información, con lo que se arrogan el derecho ilegítimo de creerse los dueños absolutos de la verdad. Esto es algo que tampoco comparto para nada.

—Ya... —dije, arrimándome un poco a un lado para que no me diera el sol.

—Bien... —dijo él—, pero déjame que te siga contando lo del enamoramiento de mi tío Enrique con la chica esta, con Sor Fanny.

—Ok, sigue...

—Bien pues, te decía que mientras que mi tío se iba metiendo en ese submundo de reuniones clandestinas, planeamiento de estrategias políticas, organización del partido, etc., aprovechaba el tiempo para enamorar a Sor Fanny, para pretenderla. Con la idea de llamar su atención, se hizo miembro activo del grupo subversivo, y participó en algunos de los golpes más peligrosos que dieron en el país, entre los que destacaron actividades tan peligrosas como atracos a Bancos y tomas relámpago de poblados para distribuir panfletos y propaganda de guerra entre la población.

Tres fueron sus movimientos más importantes:

El primero fue en Enero de 1.975. Ayudó en la fuga de un grupo de subversivos presos en Caracas en una especie de fortaleza llamada "El Cuartel San Carlos". La operación se denominó "Jesús Alberto Márquez Finol". Los muy espabilados excavaron un túnel desde dentro de la prisión hasta una casa que había al lado del cuartel, donde mi tío y otros osados más los estaban esperando. Esa vez se escaparon veintitrés guerrilleros de un solo golpe. En ese grupo se encontraban dos mujeres, los demás eran hombres. Una de ellas era una chica llamada Emperatriz Guzmán Cordero, también conocida con los pseudónimos de "Sonia" y de "Chepa", amiga íntima de Sor Fanny, y su fiel compañera en la lucha armada. Había sido la primera mujer guerrillera del oriente venezolano, y en buena medida, maestra e inspiradora de Sor Fanny en cuestiones subversivas. Ella fue la mayor motivación de mi tío para participar en esa operación, porque sabía que si todo salía bien, Sor Fanny le iba a quedar agradecida de por vida.

Cuando días después mi tío se reunió con Sor Fanny para buscar entre los calores de su cuerpo la tan ansiada recompensa de sus amores, le narró su hazaña con estas palabras:

"Ni te imaginas lo emocionante que fue todo. Dotado de un estetoscopio, un taladro de percusión, una mandarria y un palín, golpee el piso esperando a que los compañeros emitieran con precisión la respuesta, para ayudarme a ubicar en la superficie el sitio donde debía empezar a perforar. Me arrodillé sobre el piso con el taladro en las manos. Iniciaba una tarea en la que estaban seriamente comprometidas nuestras vidas. Empecé a perforar pensando cómo hacer para que el ruido del taladro, a esa hora de la noche, no nos delatase. Fueron dos horas de intenso trabajo; había logrado romper la loza del piso y sacar un bloque de más o menos 40 x 40 centímetros de espesor. El grado de tensión ahora era menos; el taladro ya no era necesario, el trabajo resultaba más fácil y menos ruidoso; había que cavar la tierra, buscando conectar ese hueco con el túnel que venía del Cuartel San Carlos. De allí en adelante me olvidé de todo cuanto sucedía alrededor; asumí la tarea con toda la fuerza, la pasión y el entusiasmo que la misma exigía. Continúe excavando hasta que el palín no encontró resistencia; se desprendió un terrón que dejó un hueco del tamaño de un puño; mi alegría fue inmensa, indescriptible; había acertado por completo. Estábamos sobre el túnel..., abajo había una luz encendida; mis manos cobraron nuevo impulso, la tierra caía con violencia, el hueco quedó despejado. Me detuve un instante, abajo la mirada sonriente y anhelante de tu amiga Emperatriz, a quien parece mentira, tenía la más absoluta seguridad de que sería la primera de los presos que vería. Mirarla a ella y venirme a la mente tu imagen contenta y feliz por verla libre fue lo mismo. Te imaginé besándome, abrazándome agradecida, y eso me dio una inmensa felicidad. Ya sabes que eres la luz de mi vida y la razón de mi existencia. Pues bien, tu amiga alzó sus brazos apoyados en el piso; yo estiré los míos, aferradas las manos en un alarde de fuerza; pasaba por el hueco hacia la libertad la enorme humanidad de "La Chepa", la primera de los veintitrés..."

El segundo de los movimientos más destacables de mi tío en las filas subversivas, se produjo cuando, en Febrero de 1.976, colaboró activamente en el secuestro de un empresario norteamericano llamado Williams Niehous, presidente de la "Owens Illinois", una empresa estadounidense dedicada al negocio del vidrio. Lo acusaban de ser un espía infiltrado de la C.I.A. (La Central de Inteligencia Norteamericana) en Venezuela, y corresponsable en la caída del gobierno del presidente chileno Salvador Allende, ocurrido tres años antes, en 1.973. En aquella ocasión, mi tío se alió con una asociación naciente de la izquierda, denominada Grupo de

Comandos Revolucionarios (G.C.R.), con la que dio el golpe en una operación a la que denominaron "Argimiro Gabaldón".

—¿Y por qué siempre le daban nombres así a las operaciones? Antes me dijiste también que cuando hicieron lo del rescate de los presos llamaron a la operación "Jesús Alberto Márquez Finol", y ahora a esta "Argimiro Gabaldón". ¿Quiénes eran? ¿Se trataba del nombre de alguno de los participantes?

—No..., usaban esos nombres en memoria de subversivos muertos. Ídolos e inspiradores de sus movimientos, de sus acciones. Jesús Alberto Márquez Finol era uno que apodaban "El Motilón". Fue un guerrillero zuliano, es decir, nacido en el Estado Zulia, fronterizo con Colombia. Lo mataron en 1.973 en Caracas después de haberse fugado del hospital militar. Lo habían traslado allí para operarlo de unas fracturas en la mandíbula que le habían ocasionado torturándolo. Fue uno de los principales líderes subversivos de su época, y fundador de una célula guerrillera a la que había llamado "Nguyen Van Troy", en tributo a un revolucionario vietnamita fusilado el 15 de agosto de 1.964.

Argimiro Gabaldón, por su parte, fue un guerrillero nacido en el Estado Lara, uno de los Estados centrales de Venezuela. Lo llamaban el "Comandante Carache", o "Chimiro". Fue el principal conductor de un grupo subversivo denominado "Frente Guerrillero de Liberación Nacional Simón Bolívar", allá por el 1.962. Con él quiso emprender la lucha armada contra el estado venezolano desde una zona montañosa del Estado Lara, conocida con el nombre de "Los Humocaros". Era un hombre culto, formado. Daba clases de Historia y de Geografía de Venezuela. Fue Secretario General y miembro fundador del Partido Comunista de Venezuela y de las autodenominadas "Fuerzas Armadas de Liberación Nacional". El estado venezolano ofreció una recompensa por su captura. Murió a causa de un disparo accidental de uno de sus compañeros de lucha, uno que llamaban Jesús "Chucho" Betancourt, también conocido como el "Comandante Zapata".

Volvamos a lo que te estaba comentado del secuestro de Niehous, que nos estamos yendo del tema.

El loco de mi tío Enrique, junto con otros seis más que no estaban precisamente más cuerdos que él, irrumpieron violentamente en la casa del empresario, sometieron a su esposa, a sus hijos y a la mujer del servicio, y se lo llevaron secuestrado a punta de pistola. Eso fue en Caracas, en una zona llamada "Prados del Este". Lo tuvieron dándole vueltas de escondite en escondite en las montañas durante tres años y cuatro meses exactos, y al final de todo lo dejaron abandonado en una chabola sin haber conseguidos sus objetivos. Allí lo encontró la policía poco después. Lo que si consiguieron fue que a algunos de los participantes les reventaran las costillas a batazos para sacarles una información que nunca dieron, sobre el paradero del secuestrado. En cuanto fue liberado, el empresario se largó a Estados Unidos y nunca más quiso saber de nuestro país.

—Normal..., yo hubiese hecho lo mismo —dije.

Ambos reímos de mi ocurrencia. Luego mi padre continuó hablando.

—Pero quizás, el mayor de los temerarios movimientos de mi tío Enrique, o la mayor de sus locuras, haya sido la de irse a Cuba durante unos meses a continuar su formación ideológica y su entrenamiento militar. Una vez que llegó a ser un elemento a tener en cuenta en las filas del partido comunista, lo seleccionaron para hacer el trayecto que muchos otros ya habían realizado, desde que en el año de 1.959 Fidel Castro había tomado el poder en la Isla con el triunfo de la revolución cubana. El sueño de los cubanos, o mejor dicho, de Fidel Castro y su séquito de seguidores más cercanos, era el de exportar su revolución por toda la América del Sur. Para ello, mantenían contactos permanentes con los grupos subversivos, medianamente organizados, con presencia activa en los países de la región. De hecho, a uno de los principales copartícipes en el triunfo de la revolución cubana, un Argentino conocido por el mote de "El Che

Guevara", lo fusiló el gobierno boliviano en su territorio en Octubre de 1.967, cuando lo capturaron en una zona conocida con el nombre de "Vallegrande" intentando echar las bases para iniciar desde allí su movimiento subversivo, revolucionario.

Volviendo a mi tío Enrique, decirte que a mediados de Agosto de 1.977 partió hacia la Isla de Cuba. Le hicieron una documentación falsa y lo metieron en un barco italiano en el Puerto de la Guaira, cerca de Caracas, rumbo a España. Varios días después llegó a Tenerife, y más tarde a Barcelona. Allá fue recibido por el cónsul cubano que le tenía preparada otra documentación y le dio dólares en efectivo y los pasajes para Cannes, la ciudad artística de Francia. Antes de llegar a París pasó por Lyon, una ciudad industrial muy importante de Francia, hasta donde llegó en tren. Desde allí, tomó un autobús para llegar a París. En París se reunió con el embajador cubano que lo estaba esperando para darle los pasajes para Checoslovaquia. Llegó a Praga, y se puso en contacto nuevamente con los funcionarios cubanos, que lo subieron a un avión de la compañía aérea Cubana de Aviación vía Cuba haciendo escala en Hanói (Vietnam). Prácticamente le dio la vuelta al mundo para llegar a Cuba. La ruta en si misma era parte de la estrategia para despistar a los organismos de inteligencia sobre su verdadero destino.

En la Habana lo alojaron en un hotel por unos días y después lo llevaron a una residencia en la que se encontraba una de las escuelas de formación ideológica del régimen castrista. Lo enseñaron a construir distintos tipos de explosivos y a manejar toda clase de armas de guerra. Recibió un curso intensivo sobre las teorías marxistas, la dialéctica materialista, la lucha de clases, y la historia geopolítica contemporánea. Por otra parte, durante su estancia estuvo trabajando en la recogida de la caña de azúcar para compensar del alguna manera las atenciones de sus anfitriones; el gobierno y el pueblo cubano.

Cuando terminó su formación, lo devolvieron por la misma ruta que se había ido, con la diferencia de que desde París lo subieron a un vuelo a Puerto Rico, después a otro a Aruba, Curazao y finalmente a Maracaibo. Desde allí se vino a Caracas en autobús, y luego a Maturín por el mismo medio de transporte.

—¿Y que había sido de Sor Fanny entre tanto? —pregunté.

Mi padre contestó:

—Había seguido participando de manera activa en cuestiones relacionadas con el mundo anárquico, subversivo. Se había hecho cabecilla de una columna guerrillera; el frente "Américo Silva". El 22 de Noviembre de 1.981, siendo las 03:15 de la madrugada, junto a treinta guerrilleros más, tomó por asalto un puesto militar en una zona conocida como Santa María de Ipire, en el Estado Guárico, del que sustrajeron varios fusiles, sub-ametralladores, pistolas y granadas. Ese día mataron a un guardia militar al producirse una situación de desconcierto cuando a uno de los subversivos le dio un ataque de epilepsia. Al parecer, el guardia, que estaba tendido en el suelo, intentó recoger su arma de suelo siendo fulminado a tiros inmediatamente. El 23 de abril del año siguiente, 1.982, a punto estuvo de perder la vida cuando dos efectivos policiales ametrallaron el coche en el que se desplazaba con otros guerrilleros en una zona cercana a este lugar donde nos encontramos, conocida con el nombre de "Boca de Tigre". En esa ocasión le pegaron varios disparos, pero, milagrosamente, sobrevivió.

Sor Fanny era una mujer muy inteligente. No solo se había estado sacando una carrera universitaria, sino que se estaba preparando fuertemente en la ideología izquierdista. Se sabía de memoria el libro "Guerra de Guerrillas" escrito por el revolucionario argentino Ernesto José Guevara, alias "El Che", una especie de manual sobre las formas de llevar a cabo la lucha guerrillera. Fue una asidua lectora de los discursos y escritos de Simón Bolívar y de la vida de

Farabundo Martí, un idealista salvadoreño que participó activamente en las luchas populares del Salvador y de Nicaragua en contra del imperialismo norteamericano. Había leído y conocía al detalle las obras de los escritores revolucionarios rusos de mayor renombre, como Tolstoi, Gorki o Trotsky; las obras del filósofo y psicólogo argentino José Ingenieros; la vida de Gandhi; los poemas de Neruda; la trayectoria rebelde del nicaragüense Augusto Cesar Sandino, etc. Su formación ideológica, en permanente reciclaje, le hizo granjearse la admiración y el respeto de sus compañeros de armas, a lo cuales sirvió en muchas ocasiones de formadora, de profesora de ideología comunista.

Sor Fanny no solo era una mujer inteligente, sino que además también era muy guapa. Acuérdate que antes te dije que una vez fue reina de belleza. Era de belleza innata. Tenía unos ojos negros muy bonitos y muy vivos, muy brillantes. El color de su piel era como el de la mayoría de los de por aquí; canela. Gustaba de dejarse el pelo medianamente largo, aunque siempre se hacía trenzas.

—Y siendo tan guapa..., ¿no le daba miedo estar entre esa gente tan peligrosa? —le pregunté, frunciendo el ceño.

Mi padre contestó:

—No, porque ella era una de los más peligrosos, de los de mayor cuidado.

—Pero digo que siendo tan pocas hembras entre tantos hombres, también tendría que andarse con cuidado... — repliqué

—Tampoco tenía problema con eso —dijo mi padre—, porque era tan guapa como dura, severa con la disciplina. Además, se había ganado la fama de mujer fuerte, de mujer que no se andaba con miramientos a la hora de imponer su autoridad, de hacerse respetar. Un incidente ocurrido cuando participaba en unas actividades de entrenamiento militar en las montañas de la Serranía de Turimiquire del estado Sucre, le hizo aumentar su fama de severa, de implacable. Una noche oscura, en horas de la madrugada, un campesino aprendiz de subversivo, presa de un repentino desespero eyaculatorio, se introdujo furtivamente en su tienda de campaña con una navaja, se la puso en la garganta y le dijo que se bajara los pantalones que se la iba a follar. Más le hubiese valido haber pensado bien lo que iba a hacer, antes de cometer tamaña locura. Antes de que pudiese volver a respirar, Sor Fanny ya le había triturado los huevos con las manos y metido la navaja por el culo. Le desgarró las hemorroides. Sus gritos de dolor despertaron al resto de los guerrilleros. Le dieron una soberana paliza entre todos. Lo ataron de pies y manos y lo dejaron colgado desnudo en un camino por el que regularmente transitaban las tropas militares. Lo amordazaron y le metieron una nota entre la boca que decía:

«Soy un guerrillero traidor»

Cuando llegó a la cárcel, un grupo de subversivos presos, ya informados de lo ocurrido, lo estaban esperando para rematarlo. Quizás fue allí donde se arrepintió de haber nacido, si no lo había hecho antes. Cuando le hicieron la autopsia le sacaron de entre las tripas tenedores, pasta de dientes, trozos de vidrio y estillas de madera. Los huevos y el pene se los sacaron del estómago. Se los habían cortado de raíz y obligado a tragar aun estando vivo.

—¡Qué barbaridad! —dije—. ¡Pobre hombre! ¡Con quien se fue a meter! ¿Y durante todo ese tiempo había seguido en contacto con el tío Enrique?

—Sí, claro que sí —dijo—. Ellos siempre se mantuvieron al tanto de lo que hacía el otro. Mucho tiempo después de haberse conocido, la insistencia de mi tío, sus continuas manifestaciones de afecto y demostraciones de sacrificio por ella comenzaron a dar sus frutos. No había nadie en ese mundo que no supiera de la fascinación de mi tío por ella. Cada una de sus acciones llevaba el refrendo del sello de su amor por ella.

«Esto lo hago por Sor Fanny...» —decía siempre.

Poco a poco ella fue cediendo a sus pretensiones, porque en realidad, él también le gustaba, y porque se sentía halagada de lo mucho que él la quería, de sus continuas manifestaciones amorosas. Aun y cuando cada uno andaba por su lado, los compañeros de guerrilla siempre le estaban trayendo información de las proezas que el tío Enrique cometía en su nombre, de su forma de hablar de ella, de su inteligencia, de su gran belleza física, de su intrepidez, de su arrojo, etc. Y eso fue como la gota de agua que de tanto caer sobre la roca termina por horadarla.

—¿Se casaron? —pregunté.

—No exactamente, pero casi... En los momentos en los que la relación se encontraba en su punto más alto, en el que hasta estaban pensando en planes de boda, vinieron aquí, a este sitio, a una reunión con cuarenta guerrilleros más, pertenecientes al denominado "Frente América Silva". Esto ocurrió el día 04 de Octubre del año de 1.982, diez años después de haberse conocido.

—Otro más...—dije—, ¿quién fue ese tal Américo Silva?

—Fue un guerrillero nacido en "Campo Alegre", un pequeño caserío ubicado cerca de donde nacimos tu y yo; en Maturín. Murió en un fortuito encuentro en una alcabala de una patrulla móvil de la Guardia Nacional, dedicada a labores de protección forestal y preservación contra el contrabando, en la vía San Félix – El Pao del Estado Bolívar, el 31 de abril de 1972.

Estuvo dedicado durante doce años continuos a la lucha armada, en el período que va entre los años de 1960 y 1972. Dirigió diversos grupos de guerrillas urbanas y rurales. Participó activamente en voladuras de oleoductos, atracos a Bancos y secuestros a empresarios para recaudar fondos para el movimiento subversivo. Viajó dos veces a Cuba, regresando la segunda vez, en la invasión guerrillera de Machurucuto, Estado Miranda, ocurrida en1967.

—¿Cómo fue eso de Machucuruto? —pregunté, extrañada por el nombre.

—Machucuruto no, "Ma-chu-ru-cu-to" —dijo sonriendo—. Fue un intento de la dictadura cubana de invadir Venezuela para implantar aquí su tan añorada "Revolución Americana". Machurucuto es un caserío pequeño que queda frente al mar, a las playas del Caribe. Está ubicado a unas tres horas de Caracas por carretera. Por allí desembarcaron el ocho de Mayo de 1.967 un grupo de cubanos y venezolanos en dos embarcaciones, que a su vez había sido echadas al agua previamente desde un buque nodriza de nombre "Sierra Maestra". El día anterior habían zarpado desde Cuba. Traían armas de guerra y dinero suficiente para iniciar el camino de la revolución en nuestro país. Unos campesinos de la zona dieron la voz de alarma al ejército, que los persiguió durante dos días, dándole muerte a la mayoría. Los que sobrevivieron, después se quedaron instalados durante meses en unas montañas conocidas con el nombre de "El Bachiller". Probablemente pretendieron emular la hazaña de los Castro cuando desembarcaron en Cuba procedentes de México en una patera llamada "Granma", y se internaron posteriormente en las montañas de la Sierra Maestra para iniciar desde allí la lucha por la conquista del poder. La incautación de las armas a los fallecidos, y la detención con vida de dos cubanos, demostró de manera fehaciente que detrás de la incursión estaba la mente diabólica de Fidel Castro. Gracias a eso, Venezuela rompió relaciones diplomáticas y comerciales con Cuba. El Presidente de la República de entonces, uno que se llamaba "Raúl Leoni", al anunciarlo públicamente en cadena de radio y televisión dijo:

«Fidel Castro anda diciendo que quiere liberar a Venezuela y a todos los países del mundo del Capitalismo y de la opresión de los Estados Unidos. Díganle a ese Señor que cuando Venezuela necesitó que la liberaran, parió a sus propios libertadores, no tuvo que buscarlos fuera»

Era obvio que se refería a Simón Bolívar y al resto de los que contribuyeron a la independencia.

—Ah ok... —dije—. Bueno ya está, no me sigas diciendo más nada de eso que te extiendes. Sígueme contando lo de Sor Fanny ¿Qué pasó después?

—Ok. Retomando el hilo de lo que te estaba contando, decirte que aquel día, cuando las manecillas del reloj marcaban exactamente las cuatro en punto de la madrugada, el edecán de mayor confianza y cercanía del que para entonces era Presidente de Venezuela, un gordo de cabeza blanca parecido a un cerdo, llamado Luis Herrera Campins, entró a su habitación muy sigilosamente, se acercó cuidadosamente hasta su lado en el borde izquierdo de su inmensa cama, y llamándolo delicadamente, lo despertó así:

—Señor. presidente..., señor. presidente...

El hombre gordo y grande en la cama entreabrió los ojos, miro de reojo al edecán y murmuró con enfado:

«A perro huevero ni que le quemen la trompa»

Y habló así porque tenía el extraño hábito de hablar citando dichos populares.

—Usted perdone Señor Presidente —dijo el edecán tragando saliva y suspirando con dificultad—; se trata de una urgencia de estado.

—Hable ahora o calle para siempre —dijo el gordo, incorporándose fatigosamente sobre el espaldar de la cama a la vez que extendía el brazo para asir el sombrero que siempre dejaba colocado sobre su mesilla de noche.

—Pues verá...—continuó hablando el edecán—; ha llegado la información de que un grupo de cuarenta y un guerrilleros del autodenominado "Frente Américo Silva", comandado por un ciudadano conocido como Roberto Rincón Cabrera, alias "El Catire"; se encuentran ahora mismo durmiendo en las cercanías de Cantaura.

El presidente abrió los ojos enormemente, a la vez que se incorporó de la cama, se colocó las pantuflas y se puso de pié.

—¿Y entonces? —preguntó ansioso.

—Cuatrocientos efectivos de las fuerzas armadas, cincuenta de la Disip (la policía política), cuatro aviones cargados de bombas: dos Gamberra y dos Bronco; y dos helicópteros de las fuerzas policiales, están esperando su autorización para lanzar el ataque.

El presidente se quedó en silencio durante unos pocos segundos. Sabía que en su mano estaba la vida de muchas de aquellas personas. Después, inspiró profundo, y con el suspiro de vuelta le dijo;

—Bueno…, ¿y a qué estamos esperando? Vamos a meterle candela a ese rancho rapidito. (Que es una expresión típica venezolana que quiere decir que hay que darse prisa en hacer algo)

Un poco más tarde, sobre las cinco y media de la madrugada, aproximadamente, y cuando en el campamento guerrillero ya estaban preparándose para tomar el café, comenzó la masacre. Por vía aérea y terrestre, les cayó una lluvia de bombas, granadas y ráfagas de ametralladoras. Un aluvión de balas barrió el aire.

Mi tío, que aun estaba durmiendo cuando comenzaron las detonaciones, salió corriendo desesperado solo con lo puesto; sus calzoncillos. Cuando se dio cuenta que no había escapatoria posible, porque el ataque era desde todos los flancos, se tiró al suelo, rectó hasta unos arbustos de tamaño medio, y se enterró todo lo que pudo. Dejó fuera solo la punta de la nariz para respirar, y el ojo izquierdo para mirar.

En aquel momento miré a mi alrededor imaginando cuál sería el sitio donde se había ocultado el tío Enrique. Supuse que no sería muy difícil, porque la tierra era blanda, floja, orgánica. Una mezcla de tierra con hierbas secas trituradas muy finamente por el paso de los años. No era de esas de tipo compacto, maciza, al contrario. Hurgando un poco con los pies, ya los tenía enterrados hasta los tobillos.

—¿Y de Sor Fanny qué había sido? ¿Qué hizo ella? —pregunté.

—Sor Fanny cayó a pocos metros de él, herida de bala en un tobillo y en el hombro izquierdo. Las heridas no eran graves, pero le impedían caminar, por lo que se quedó allí tendida, semidesnuda y sangrando. Casi inmediatamente llegaron los primeros soldados. La luz del día ya iluminaba la estampa con claridad. A todos los guerrilleros que habían quedado mal heridos, los fulminaron con tiros de gracia en la nuca. Pero, a los que no estaban tan graves, los masacraron dándoles patadas en la cara, palazos y culatazos por la cabeza. Desde su escondite bajo tierra, mi tío pudo ver cómo a su amada, le arrancaron los cabellos con las manos, le fracturaron la mandíbula de varios culatazos en la quijada, le sacaron los dientes pateándole la boca repetidamente, la desnudaron totalmente, y le metieron una escopeta por la vagina y le dispararon adentro. Como quiera que aun temblara y tardara en morirse, le reventaron la cabeza triturándosela a patadas y a culatazos. Hasta el último momento estuvo emitiendo gritos gruesos, recios, y sonidos roncos, carrasposos. Cualquiera que la escuchase jamás hubiese pensado que fueran los alaridos de un ser humano agonizando.

Emperatriz Guzmán Cordero (o "La Chepa" como la llamaban entre ellos), la misma a la que tres años atrás había ayudado a fugarse el tío Enrique del Cuartel San Carlos, también estaba con ellos ese día. Había ascendido en la jerarquía del grupo hasta convertirse en tercera comandante. Corrió una suerte similar a la de Sor Fanny. Le trituraron el cerebro a culatazos y le destrozaron la mandíbula a mazazos, después de haberla torturado durante largo rato. Fue una tortura sádica, gratuita, sin sentido, porque no esperaban que les dijera nada, solo querían saciar su sed de sangre; darle de comer a la horrible bestia que llevaban oculta en la irracionalidad de sus entrañas. La amarraron por los pies y la colgaron boca abajo de un árbol para pegarle mejor. A ella y a otros más de los que sobrevivieron. Por desgracia para ella la habían atrapado viva, con tan solo una herida superficial. Viendo que no tenía salida, se puso de rodillas y levantó sus manos en alto en señal de rendición. Pero al parecer la orden era matarlos a todos. No debía quedar ninguno vivo. Lo que no les especificaron fue "la forma" de ejecutarlos. Quizás, eso haya propiciado la ferocidad y la bestialidad con las que se ensañaron con los supervivientes.

Se dice también que el encargado de dirigir la operación fue un hombre terriblemente sanguinario, un bárbaro, un carnicero. Era el director de la policía política venezolana de la época, y encargado casi de manera exclusiva de la persecución de los delitos políticos contra el estado venezolano, es decir, de quienes estuviesen pensando en conspirar contra el gobierno. Se llamaba Henry López Sisco. Aparte de este brutal crimen, años después se le atribuyó la muerte de nueve dirigentes sociales en una zona de Barlovento, dónde tu dijiste que solo había negros, en una matanza ocurrida el ocho de Mayo de 1.986. La llamaron "La Masacre de Yumare", por el nombre del lugar.

También fue copartícipe de una masacre ocurrida el veintinueve de octubre de 1.988 en una zona del Estado Apure conocida como "El Amparo", uno de los estados venezolanos fronterizos con Colombia. Quedó bautizada como "La masacre del Amparo". En esa ocasión asesinaron vilmente a catorce humildes pescadores y dijeron que se había tratado de un enfrentamiento con un grupo guerrillero. Con lo que no contaban era con que en realidad las víctimas habían sido dieciséis y no catorce, como habían mostrado a la prensa cuando presentaron los cadáveres. Los otros dos restantes lograron escapar con vida sumergiéndose en el río y luego dieron testimonio de lo que realmente había ocurrido, de que no eran guerrilleros, como se decía, y de que simplemente estaban pescando.

—Qué hombre tan bárbaro... —dije—, ¿y no sabes si aun vive, o si lo llegaron a juzgar por sus crímenes?

—Hace unos años leí en la prensa que desde el año 2.006 se había exiliado en Costa Rica, uno de los países centroamericanos, luego de que el gobierno de Hugo Chávez ordenara abrir investigaciones contra él por su participación en las muertes ocurridas en el estallido social de 1.989 conocido con el nombre de "El Caracazo", y en el asedio a la embajada de Cuba en Caracas en el año 2.002, cuando hubo una intentona golpista contra el mismo Hugo Chávez.

—Menudo personaje... —le dije—, pero sígueme contando sobre la masacre que hubo aquí, en este lugar.

—¿Estás impresionada no? —me preguntó él.

—Como para no estarlo... —le contesté.

Luego, continuó hablando.

—Bien pues, te decía que las escenas habían sido salvajes, brutales, sádicas, casi inenarrables. No puedo imaginar lo que siente alguien que hace algo así, y ni hablar del que lo padece, del martirizado. El tal "Henry López Sisco" este que te dije antes; venía pilotando él mismo uno de los helicópteros artillados con los que barrieron el campamento a punta de ametralladoras, y fue quien dio la orden sobre la forma como se tenía que torturar a los supervivientes.

Escuchando la narración de mi padre, mi mente escenificó la película de manera perfecta. Pude ver con mi imaginación a los guerrilleros huyendo, los aviones descargando sus bombas, los helicópteros vaciando sus ametralladoras, los soldados de a pié disparando contra todo lo que se moviese, y luego, las torturas a los sobrevivientes; los gritos desgarradores de Sor Fanny y los de Emperatriz, sus últimas miradas clamando por una piedad inexistente, las lágrimas corriendo del único ojo con el que el tío Enrique miraba la tragedia.

Mientras esto ocurría, mi padre seguía hablando.

—Nadie se percató del observador silente sepultado bajo la tierra; mi tío Enrique. Fue el único de los guerrilleros supervivientes que lo vio todo. Que vio morir cerca, muy cerca de él, al amor de su vida y dueña de su existencia; Sor Fanny Alfonso Salazar, o "Patricia", como la llamaban entre ellos. La mujer por la que durante tantos años había luchado, por la que tantas locuras había cometido, a la que tantas promesas de futuro había jurado. Cada golpe, cada leñazo, cada garrotazo que le dieron, fue un martillazo en su corazón, en su alma, en su vida.

De los cuarenta y dos subversivos que habían dormido aquí esa noche, diecinueve lograron escapar, entre ellos, mi tío Enrique. Es increíble que sobreviviera. Estuvo inmóvil en su sitio durante dos días completos, solo respirando. Quizás, deseara morirse también. Quizás no tuviese fuerzas para salir, para levantarse, para echar a andar de nuevo con una vida privada de su amada Sor Fanny; su razón de ser, de existir. Una vida que a partir de entonces tendría que vivir con la carga mental de los horrores de unas escenas dantescas, bestiales, brutales. Con un cerebro impregnado del sonido de unos chillidos agónicos horribles, espantosos. Un inmenso huracán negro y oscuro comenzó a girar dentro de él destruyéndolo todo, desmantelando y demoliendo todo lo que había sido su vida hasta entonces, sus cimientos, su bases racionales, su capacidad de pensar.

En varias ocasiones los soldados estuvieron a punto de tropezarse con él, de pisarlo, de descubrirlo, pero por fortuna o por desgracia, no fue así.

Después de que salió de su singular sepultura, estuvo deambulando y enterrándose de nuevo durante varios días más, escondiéndose de los militares que habían tomado la zona en busca de supervivientes.

En ese momento de la charla, mi padre se acercó a la placa de los nombres. El de Sor Fanny figuraba en el segundo lugar de la lista. Cinco lugares más abajo, en el número siete, estaba el de Emperatriz Guzmán. Ambos tenían sus alias al lado entre paréntesis; "Patricia" Sor Fanny y "Chepa" Emperatriz.

—El odio —continuó mi padre—, la sed de venganza, la desesperación por lo sufrido, y un deseo irrefrenable por cumplir con los ideales de Sor Fanny, hicieron de mi tío un hombre enormemente trastornado. Se convirtió en una especie de "Capitán Ahab".

—¿Quién es ese? —le pregunté.

—El de "Moby Dick", la novela —dijo.

—No conozco esa Moby Dick. Nunca había oído hablar de ella.

—Es uno de los grandes clásicos de la literatura, muy viejo. Es un libro que fue escrito en 1.851 por Herman Melville, un escritor estadounidense. Es una historia sobre el mal incomprensible, representado en una ballena blanca llamada Moby Dick, y la maldad absurda y obstinada, representada por el Capitán Ahab. Se trata del capitán de una pequeña embarcación dedicada a la caza de ballenas, que sostiene un conflicto personal, y a todas luces irracional, contra la ballena blanca, y que en su deseo ciego de venganza contra ella, arrastra a la muerte inútil a la mayor parte de su tripulación, víctimas inocentes de su lucha absurda.

—Qué loco estaba ese hombre. Pero entonces si el tío Enrique era el Capitán Ahab..., ¿quién sería aquí la ballena?

—La ballena la representan los que masacraron a Sor Fanny, por una parte, y por la otra, sus ideales utópicos.

—¿Qué es utópicos, qué quiere decir?

—Es algo irrealizable; un sueño inalcanzable.

—Ah ok..., ¿Y el capitán entonces era el tío Enrique?

—Efectivamente. El capitán Ahab estaría representado por mi tío Enrique, que emprende una feroz lucha contra algo inalcanzable, o contra algo que nunca podrá vencer; el mal mismo.

—Ya..., ¿y la tripulación, las víctimas inocentes?

—La tripulación sería la familia de mi tío. Lamentablemente, esa carga de ira reprimida, de sed de venganza frustrada, la pagamos sus familiares. Los más pendejos...

—¿Qué me estás contando? —le pregunté, obviamente sorprendida—. ¿Y eso por qué?

—No creo que haya un solo miembro de mi familia que no haya resultado afectado por esto, aun y cuando ninguno de nosotros estuvimos aquí cuando ocurrió esta tragedia, ni tuvimos nada que ver con ella, ni mucho menos, conocíamos los caminos en los que andaba metido el loco de mi tío Enrique. El fantasma del inmenso odio que se engendró aquí ese día, va a estar presente en muchas de nuestras venideras generaciones. Este fue el inicio catastrófico de nuestra particular bomba atómica.

—Vas a tener que explicármelo en detalle, porque ahora sí que no entiendo nada. Todo lo que me habías dicho de Moby Dick encajaba, pero esto...

—No te preocupes que te lo explico. No hay ningún problema. Te cuento...

Cuando mi tío Enrique volvió a casa, semanas después de lo de la masacre, todos nos dimos cuenta de que ya no era el mismo. Era su cuerpo, sí, pero era un cuerpo habitado por otra persona muy distinta, muy diferente. Jamás volvería a ser el de antes.

Luego de meses de voluntario encierro, salió para dedicarse a hacernos la vida imposible. No hubo uno solo de los miembros de la familia que no recibiera su parte, algunos más y otros menos.

En la casa de mi abuela vivíamos por entonces, mi abuela, mis dos tías; Ramona y Rosario, mis tres tíos; Chilo, Mario y Enrique, y mi madre con sus tres hijos; Amílcar, el primero, Gustavo, el segundo, y yo, el menor.

Mi padre se había vuelto a casar tan pronto yo nací, por lo que mi madre tuvo que cargar sola con nosotros, sus tres hijos.

La casa de mi abuela era inmensa. Estaba ubicada en una de las zonas más céntricas de la ciudad, por lo que no teníamos problemas de espacio, al contrario. Aun y cuando cada cual tenía su propio cuarto, sobraban tres habitaciones que normalmente se destinaban a la visita.

Con el tiempo, no hubo uno solo de los miembros de la familia que se quedara allí viviendo. Ni siquiera mi abuela fue capaz de soportar al tío Enrique, y eso que era su hijo predilecto. Y no se trataba de que estuviese enfermo de la mente, como muchos otros, es decir, loco, trastornado. Ojalá que así hubiese sido, porque de esa manera se le hubiera podido poner en tratamiento con psiquiatras o con psicólogos.

La enfermedad de mi tío no era de la mente, sino del alma. Satanás se había apoderado de él.

—Me estás dando miedo... —le dije.

—¿No querías que te contara pues? —me preguntó mi padre, sorprendido por mis temores.

—Si, si, no te detengas, sigue por favor —le dije.

—Bien. Seguimos. El tío Chilo, el mayor de los seis hermanos, obtuvo una beca a través de una fundación estatal para estudiar química en la Universidad de Illinois en Estados Unidos ese mismo año. Nunca más volvió ni quiso volver a saber de ninguno de nosotros.

—¿Por qué? ¿Qué le hizo? —le pregunté.

—Casi nada... —dijo—. El día que llevó a su novia a casa para presentarla formalmente, el tío Enrique salió con una escopeta entre manos, y simulando un accidente, le dio un tiro a la chica en el estómago delante de todos. Yo fui uno de los que recibió salpicaduras de su sangre en la cara, porque en ese momento estaba junto a ella con el resto de la familia, parados en la sala principal. La escena fue dramática. El tío Enrique salió de la habitación con la escopeta entre manos reluciente y frotándola con un paño para pulirla. Nos dijo a todos los presentes, sin saludar siquiera a la visita recién llegada, la novia del tío Chilo;

«¡Miren lo que me compré!»

Y no había terminado de hablar cuando se sintió el fuerte impacto del disparo. La chica se contorsionó sobre sí misma llevándose las manos a la barriga, e inmediatamente cayó tendida en el suelo en medio de un gigantesco charco de sangre.

La tía Ramona nos sacó de allí para la calle, a mis dos hermanos, a la abuela y a mí, mientras que el tío Chilo, el tío Mario y mi madre se afanaban por tapar la herida de la chica con trapos y corrían a buscar un coche para trasladarla urgentemente al hospital. Nada pudieron hacer, porque cuando ingresó ya era cadáver.

Mucho esfuerzo y meses detrás de ella le había costado al tío Chilo sacarle el "sí, acepto" a la chica para que se emparejara con él. Se llamaba Zenaida. A pesar de que vivía al lado de nuestra casa, nunca se relacionó con nadie en el barrio, ni ella ni nadie de su familia. Era una gente muy cerrada. Muy pocos conocía de ellos, de lo que hacían, de sus vidas. Mas, la chica era muy bonita, preciosa. El tío Chilo logró acercarse a ella cuando juntos se encontraron en Caracas con ocasión de la inscripción de sus candidaturas para irse a estudiar fuera de Venezuela. Era un programa de becas que ese año recién inauguraba el gobierno y por el que unos cuantos miles de estudiantes de todo el país se esforzaron por ganar. Ambos habían salido seleccionados. Ambos se iban a estudiar juntos en la misma universidad norteamericana, aunque carreras distintas; él química, y ella física nuclear.

El tío Enrique estuvo preso solo mientras duró el velatorio de Zenaida. Un Juez decidió que aquello había sido un simple accidente y lo dejó en libertad sin cargos. Mas, todos sabíamos que no había sido así, porque todos vimos la cara de Satanás reflejada en su rostro tan pronto se produjo el disparo.

—¿Y cómo era? ¿Tú también lo viste? —le pregunté.

—Bueno..., eso es un decir —dijo—. Lo que quiero transmitirte es que cuando sonó el disparo, y volteamos a verlo, quienes lo hicimos no vimos en él una cara de sorpresa, ni de miedo, ni siquiera de susto, sino más bien una cara de placer sádico, de satisfacción morbosa, como la de Anibal Lecter en la película "El Silencio de los Corderos" cuando le estaba pegando con un palo por la cabeza a uno de los policías que lo tenía preso y del que se acababa de escapar.

—¡Qué fuerte! ¿Y a los demás, qué les pasó? —pregunté.

Mi padre inspiró y expiró con fuerza, como tomando impulso para lo que me iba a relatar a continuación. Después, retomó el discurso.

—El tío Mario —dijo— encontró a Lenor, su esposa, atada a la cama de mi tío Enrique, totalmente desnuda, con una botella de coca - cola pequeña de vidrio introducida en el ano, y con señales evidentes de haber copulado. Le había eyaculado y diseminado la esperma por la parte exterior de la vagina, por la vulva y por el pecho, sobre las tetas. No había transcurrido un año desde la muerte de la novia del tío Chilo. Él tío Enrique dijo que había sido ella la que le había pedido que la atara, y que desde hacía mucho tiempo estaban teniendo relaciones sexuales consentidas. Al parecer era cierto.

Lo que ocurrió fue que Lenor había estado medio liada con el tío Enrique mucho antes de juntarse con el tío Mario. Es decir, que habían tenido algo entre ellos. Siempre lo mantuvieron en secreto. Nunca el tío Mario, ni nadie de la familia se enteró de aquella anormalidad. Y no hubiera pasado nada porque se hubiera sabido, total, era algo que había ocurrido antes de emparejarse con el tío Mario, con lo cual no había ningún pecado, nada de lo que arrepentirse. Pero, al parecer, Lenor no lo consideraba así, y no le quiso develar aquel secreto nunca a su esposo.

El tío Enrique aprovechó un día que Lenor y el tío Mario estaban de visita en casa, y él había salido a comprar una carne para que la abuela hiciera la comida, para meterla a la fuerza en una habitación y obligarla a tener sexo con él. La amenazó con contar el secreto de lo que habían tenido antes. Lenor accedió. Fue su peor error, porque desde entonces, cada vez que al tío Enrique le daba la gana, ella tenía que inventarse la forma para verse con él a escondidas, para pagar con sexo por un secreto erróneamente guardado. Pero en realidad la maldad del tío Enrique no iba destinada a aprovecharse físicamente de aquella mujer, sino que su mente diabólica había preparado otro golpe más fuerte, más impactante.

Lo preparó todo con singular meticulosidad, esmerándose en los detalles morbosos. Era un día Domingo. Recuerdo que aquella tarde, después de la comida, íbamos a celebrar el cumpleaños de la tía Ramona. Cuando el tío Mario llegó con Lenor a media mañana, en un descuido de los presentes, el tío Enrique le hizo la señal de costumbre. En un momento determinado, y sin que nadie se diera cuenta, ella se coló en su habitación, donde él ya la estaba esperando completamente desnudo. Lo urgió para que lo hiciesen de prisa y en silencio. El tío Enrique esperó pacientemente a que ella se desnudara completamente. Una vez desnuda, ella se tendió sobre la cama boca arriba. Él se subió sobre ella. Sacó unas cuerdas de debajo de la cama y le ató las manos y los pies a cada esquina. Le amordazó la boca con la funda de la almohada. Después que la tenía totalmente abierta, le introdujo el pene en la vagina y comenzó a frotar, a cabalgar. Cuando estaba a punto de eyacular, se sacó el miembro y derramó el semen sobre su Monte de Venus. Lo esparció cuidadosamente sobre su vientre, los pechos y su cara. Extrajo de su mesilla de noche un huevo crudo que tenía guardado para aquella ocasión. Lo partió sobre ella regando su contenido por sobre todo su cuerpo a manera de hacer ver que también era semen. Sacó también una coca cola, la embadurno con vaselina, la destapó, sorbió un poco, y luego la agitó con fuerza tapándole la boca fuertemente con el dedo pulgar. Introdujo la punta de la botella en el hueco del culo de Lenor a la vez que retiraba el dedo pulgar. Entretanto, Lenor contemplaba horrorizada todo lo que estaba ocurriendo, todo lo que aquel maniático le estaba haciendo. No oponía mayor resistencia por temor a que un quejido suyo pudiesen escucharlo fuera de la habitación.

En cuanto el tío Enrique vio que el contenido de la coca cola se le esparció con violencia en el culo, le empujó toda la botella adentro con fuerza. Se la metió completa. El sufrimiento por el vertido del líquido espumoso entre sus tripas fue extremo. La barriga se le hinchó. Toda la mierda se le licuó y le subió para el estómago, porque con semejante tapón en el culo no podía cagar. La botella se le trabo adentro. Aun así, no emitió sonido alguno. Solo lloró.

Su intención era que gritara, que gimiera para que la escucharan. Viendo que no conseguía sus propósitos, se fue al baño, se duchó, se vistió, se perfumó, y salió de la habitación para darnos a todos la mayor de las noticias.

«¡Damaaaas y caballerooooos! —dijo emulando a los presentadores circenses—; ¡acérquense a contemplar el mayor de los espectáculos! ¡Lo nunca antes visto! Con todas y todos ustedeeeess..., trrrrrrrrrrrrr (repicar de tambores) ¡La puta más puta del mundo! ¡La cocaaaaaaculeraaaaaa!»

Acto seguido, abrió las puertas de su cuarto de par en par.

Creo que en aquel momento el tiempo se detuvo, que los corazones de los que estábamos allí dejaron de latir. El espectáculo fue dantesco, atroz.

Lenor estuvo hospitalizada durante tres meses después de aquello. Casi se muere de una infección generalizada. Tuvieron que operarla para sacarle la botella de los intestinos. Le colocaron unas tripas de plástico por fuera por donde le circulaba la mierda.

El tío Mario nunca quiso volver a verla. Ni siquiera fue a visitarla al hospital ni una sola vez. Desde aquel día no se volvieron a encontrar más. Poco tiempo después, se divorciaron.

Después que salió del hospital, y luego de pasar unos meses encerrada con una fuerte depresión, se colgó por el cuello con una cuerda en su habitación de la casa de su madre. En una de las paredes había escrito con sangre de su dedo índice estas palabras bien grandes:

¡MALDITO SEAS ENRIQUE LÁREZ!

El tío Mario, jamás se recuperó de aquello. Se fue a vivir y a trabajar a Caracas, y desde entonces, nunca más quiso volver a Maturín. Asoció el trauma con la ciudad.

El tío Enrique le dijo que le tendría que estar agradecido por haber apartado a aquella mala mujer de su vida, a aquella puta. Fue la última vez que le habló, porque el tío Mario tampoco quiso volver a verle ni a saber de él.

—Pero esa vez sí que habrían metido preso al tío Enrique, supongo... —dije.

—Pues no, esa vez tampoco —dijo mi padre—. Otra vez dijeron que todo había ocurrido por accidente. Que la Lenor tenía la costumbre de realizar prácticas sadomasoquistas en secreto, y que esa vez se le había pasado la mano. Ni ella ni su familia quisieron poner denuncias ni ventilar el asunto más allá de la estricta intimidad familiar. El tema ya de por sí les resultó extremadamente vergonzoso, humillante, y no quisieron exponerse aun más al escarnio público. Sin embargo, cuando murió, su familia sí que interpuso una acusación penal contra el tío Enrique por inducción al suicidio, toda vez que el muy miserable se iba de madrugada, cuando nadie lo veía, a pintar la casa donde vivía Lenor por fuera con las palabras: ¡AQUÍ VIVE LA COCACULERA!. Pero esa vez también desestimaron las demandas porque nunca se pudo probar que fuese el autor.

Mi tía Rosario se fue de casa tan pronto vio la nueva actitud de mi tío Enrique. Había sido una de las pocas amigas en el barrio que tuvo Zenaida, la novia muerta del tío Chilo. Estuvo allí cuando murió. Fue una de las que le tapó el agujero en el pecho del que la sangre brotaba como un manantial. Su muerte le afectó sobremanera, así como la partida sin retorno del tío Chilo a los Estados Unidos. Desde niños habían sido muy apegados, muy unidos, porque ellos dos eran los mayores, y quienes ayudaron a su madre a criar al resto de sus hermanos. También había servido de intermediaria entre Lenor y el tío Mario al comienzo de su romance, cuando empezaron a tontear, pero no había estado en casa el día de su violación. Por suerte para ella, esa semana estuvo en unas jornadas de retiro espiritual de la iglesia. Se enteró de lo sucedido a su regreso, dos días después. Por entonces ya estaba preparándolo todo para marcharse. Lo de Lenor reafirmó su decisión.

La tía Rosario siempre fue una mujer muy religiosa, muy católica, muy dada a los asuntos de la iglesia. Iba a misa a diario. La llamaban de los velatorios para que dirigiera los rezos. Nunca tuvo novio conocido, aunque nunca se supo que fuera homosexual, es decir, que le gustaran las mujeres. Aprovechó la oportunidad de que unas monjitas estaban solicitando voluntarias para una congregación de hermanitas de la caridad en Nicaragua, uno de los países de Centroamérica, y se fue para allá con ellas, a atender pobres y desamparados.

El caso es que la tía Rosario no quiso esperar que le ocurriera una tragedia similar a ella. Aun y cuando se volcó a la vida religiosa, con los años colgó los hábitos debido a su creciente dependencia del alcohol. Nunca más volvió a Venezuela. Se quedó por allá trabajando con sus pobres y entregada a su alcoholismo. Nunca supimos lo que fue de su vida.

Había otra cosa que era la más cruel, la más dura para todos, y que ni ella ni ninguno pudimos soportar.

—¡Para, para, para...! —dije respirando profundo—, ¿es que todavía hay más?

—¡Claro! —contestó mi padre con vehemencia—; falta la parte que nos tocó a los que aun no habíamos recibido.

Durante algunos breves instantes, permaneció en silencio mirándome, como dudando de seguir hablando, de seguir contándome todo aquello.

—¿Quieres que hagamos una pausa? —me preguntó con cierta preocupación.

—¡Noooooo! —le grité con firmeza—. ¡Ni se te ocurra!. Quiero que me lo cuentes todo de una vez. Recuerda que hace mucho me lo tenías prometido. Me dijiste que no me ibas a ocultar nada, que en este viaje me ibas a contar todos los secretos de la familia.

—Ok... —dijo suspirando con cierta dificultad a la vez que se pasaba la mano por los bigotes y la barbilla—, pues te cuento...

Ocurría que cada vez que al tío Enrique le daba la realísima gana, la emprendía a puñetazos contra la más débil de sus hermanos, la menor; la tía Ramona. Era un espectáculo dantesco, horrible, traumático. Le pegaba con cualquier cosa que tuviese en su mano en aquel momento, y casi siempre terminaba rematándola con los puños en la cara y el cuerpo. Ella trataba de evitarlo poniendo la espalda. Los golpes sonaban tan horribles como rugidos de tambor. Al final de cada paliza, teníamos que recogerla del piso magullada con los ojos amoratados, la cara hinchada, la nariz sangrante, y las marcas de los golpes claramente visibles por todo el cuerpo.

Quizás hayan sido de los espectáculos más atroces, más brutales y más salvajes que haya presenciado en toda mi vida. Porque no era que le pegara cuando nadie los estuviese viendo, sino que sentía un placer morboso por golpearla delante de nosotros, de los niños. Cada coñazo físico a la tía representaba uno psicológico a nosotros, y eso multiplicaba su satisfacción, su placer sádico. También sentía el mismo placer causándole un daño similar a su propia madre, ya que también ella estaba siempre presente.

La sensación que produce ver cuando están maltratando a alguien que quieres, es muy difícil de describir. Podría decirse que es una angustia dolorosa, una visión que duele, que pega con fuerza, que te hace sufrir tanto o más que al propio maltratado. Él se está llevando un castigo físico, que a su vez también es psicológico, porque le va a dejar secuelas de por vida. Pero tú te llevas un castigo psicológico aun mayor porque no conoces la intensidad de su dolor físico, y al no conocerla, la presumes, la supones, la intuyes. Esa intuición te destroza por dentro. Te causa una lesión irreversible, un dolor irreparable que llevarás contigo de por vida.

—¿Y por qué no intervenían? ¿Por qué no se metían a separarlos? —pregunté con lógica extrañeza.

—Buena pregunta —dijo mi padre—. Nosotros, mis dos hermanos y yo, éramos muy pequeños. Yo tan solo tenía cinco años, Gustavo seis, y mi hermano Amílcar ocho. Al tío Enrique le daba igual que estuviésemos allí delante de él viéndolo golpear tan bestialmente a nuestra tía, que en realidad fue como una hermana mayor para nosotros, porque era la menor de sus hermanos. Por aquella época tendría algunos dieciséis años, según creo.

—¿Y los demás? ¿El tío Chilo, el tío Mario, tu madre, la abuela?

—Las palizas más brutales se produjeron cuando ya todos se habían ido. Solo quedábamos mi madre, la abuela, la tía Ramona, el tío Enrique y los tres hijos de mi madre.

—¿Y tu madre por qué no se metía? —le dije, insistiendo en mis dudas.

—No lo podría decir exactamente —contestó arrinconado—. El recuerdo que tengo de ella es verla sujetando a la abuela para que no interviniera, para que no le fueran a pegar a ella también. Quizás tuviera miedo, o quizás, de alguna forma, también justificara las palizas, las agresiones, la verdad es que no lo sé...

La tía Ramona se marchó de casa en cuanto pudo. El tío Mario la acogió con él durante un tiempo en Caracas, hasta que ella consiguió pareja y se casó, poco tiempo después. Se cambió el nombre por el de "Mónica", porque decía que "Ramona" era muy feo. Quizás, haya sido también una forma de sustituirse en una nueva persona, de dejar atrás, con su nombre, una vida tan sufrida, unas experiencias tan traumáticas.

Mi madre y mi abuela, por su parte, fueron las únicas que no recibieron castigo físico directo de parte de mi tío, pero, con los espectáculos de las palizas a la tía Ramona tuvieron más que suficiente.

El disgusto por la desintegración inexplicable de su familia, hizo sumergir a mi abuela en una inmensa depresión. Se le quitó el hambre y la sed definitivamente, y pocos meses después, falleció. Se fue apagando lentamente como una vela que ha perdido toda su esperma, todo su combustible.

Antes de morir mi abuela, mi madre compró una pequeña casa aparte y nos llevó con ella a sus tres hijos y a la abuela. Desde entonces, el tío Enrique se quedó completamente solo.

La casa, que por herencia debía haberle quedado a todos los hijos de mi abuela en partes iguales, el tío Enrique se la apropió y la vendió poco antes de que ella falleciera. Le había hecho firmar un poder absoluto tan pronto percibió el delicado estado de salud en el que estaba cayendo. El mismo día del entierro, nos enteramos de que había otra gente viviendo allí.

En cuanto nos mudamos a la nueva casa, mi madre también cambió, y lamentablemente, no fue para mejor, sino para peor. Se llevó consigo su ración de odio irracional, de hiel de las amarguras por la muerte de Sor Fanny.

Mi madre quizás haya sido la persona más sacrificada que yo haya conocido nunca. Jamás se metía un bocado de comida en la boca hasta no estar segura de que todos hubiésemos comido y estuviésemos satisfechos. En cuanto tuvo a sus tres hijos y mi padre la abandonó, se puso el mundo por montera y se sacrificó para que no nos faltara de nada, ni a nosotros ni a su madre, mi abuela. Más aun, cuando el tío Chilo se fue a los Estados Unidos, se las ingenió para conocer su paradero, y cada vez que podía, apartaba algo de dinero de su sueldo para mandárselo.

—¿Y por qué la abandonó tu padre? —le pregunté

—Mi padre fue un pobre hombre, que no un hombre pobre —dijo—. Era uno de esos "chulos guapos" que van enamorando chicas y follando donde pueden, o donde les abren las piernas. Tan pronto se consiguió una que le gustaba más que mi madre, se divorció de ella, se volvió a casar, y formó una nueva familia. Yo por entonces no había cumplido el primer año de vida. Y no digo que haya sido un pobre hombre por eso, por haber hecho una nueva familia aparte, sino porque nunca quiso saber de nosotros, sus tres pequeños hijos. Jamás nos visitó, ni aportó nada para nuestra manutención, para atender a nuestras necesidades. Mi madre fue la que cargó sola con todo el pastel.

En cuanto mi madre quedó sola con nosotros, sus tres niñitos, se apartó totalmente de la vida social. Su entrega y su devoción a nosotros no le dejaba tiempo para más. Consiguió un trabajito modesto de maestra de escuela en una zona campestre, a la que te llevaré a conocer antes de irnos, alejada de su casa a una hora por carretera. Para ir a diario, se compró un coche que iba pagando sirviéndoles de transporte a otras maestras que también trabajaban por la vía. Muy oscuro, de madrugada, se levantaba y nos preparaba el desayuno antes de irse, y luego pasaba por casa de cada una de las maestras recogiéndolas para llevarlas a sus respectivas escuelas. A la vuelta, al medio día, era lo mismo; pasaba de regreso por cada escuelita recogiendo a cada maestra para traerla a la puerta de su casa. De esa manera logró pagar su cochecito, mantener a sus tres hijos y a su propia madre, y comprar su propia casa. Como quería ganar más dinero, se inscribió a estudiar la carrera de docencia universitaria, la cual culminó pocos años después. Eso hizo que le aumentaran el sueldo, aunque prefirió continuar siendo toda su vida maestra de escuela rural que trabajar de profesora de instituto o de universidad.

Después de que compró la casa nueva y se mudó con nosotros y la abuela, desarrolló el desagradable hábito de pagar sus frustraciones y sus angustias con nosotros, sus pequeños hijos. Viendo lo sacrificada que fue, y lo mucho que sufrió por mantenernos, cualquiera pudiese decir que sus méritos eran más que suficientes para ocultar sus defectos, pero algunos no lo ven así.

No soy quien para juzgarla. Solo Dios sabe si hizo mal o hizo bien. Pienso que su problema fue el mismo que el de todos; que tuvo que cargar con su parte de mierda por lo que le ocurrió al tío Enrique, por la muerte de Sor Fanny.

Quizás, alguna de las cosas que te voy a contar sobre mi madre, hagan que te formes la imagen de que fue una mala persona. Los humanos tenemos el desagradable hábito de juzgar a los demás por sus errores, por sus defectos, y no por sus virtudes. Cuando alguien comete una equivocación, no nos fijamos en todo lo bueno que antes o después haya hecho, sino en ese único fallo para juzgarlo y sentenciarlo de por vida.

Aunque claro..., hay errores muy difíciles de subsanar.

Al poco tiempo de mudarnos a la casa nueva, mi madre comenzó castigarnos azotándonos con correas y con cuerdas gruesas, de las que se usan para guindar hamacas. Su transformación fue radical, brutal. Se convirtió, de un día para otro, en la dictadora cruel y despiadada de nuestras vidas, en otra persona muy distinta. Siempre estaba amargada, atormentada, obstinada, y nos transmitía su amargura y su obstinación con cada cosa que hacía, con cada gesto, con cada acto. Nunca volvió a sonreír. Cuando por la noche llegaba a casa después de trabajar, nos hacía venir en fila ante ella para que le contásemos lo que habíamos hecho durante el día. Como quiera que hubiésemos hecho algo malo, o que sospechase que le estuviésemos mintiendo, o que no le dijésemos la verdad en su totalidad, nos mandaba a desnudar al completo y nos azotaba con ferocidad, con crueldad. No podíamos llorar. Teníamos que permanecer en silencio absoluto. Por cada llanto, por cada quejido, eran dos azotes adicionales. Y no nos golpeaba flojito, sino duro, muy duro, al punto de hacernos sangre en la piel. Cada vez que nos azotaba, teníamos que dejar de ir al colegio durante una semana como mínimo, por el tema de las marcas, para que no nos viesen las heridas.

Toda nuestra infancia, y buena parte de nuestra adolescencia, nos estuvo castigando de aquella manera tan brutal, tan terrible. Los golpes nos dolían tremendamente, como no podía ser de otra manera, pero había algo que quizás nos doliese aun más, y era que teníamos la percepción, la certeza, de que los castigos no estaban directamente relacionados con nuestras malas acciones de niños, con nuestro mal comportamiento, sino con su amargor interior, con sus frustraciones, su odio contra el mundo. Eso nos dolía más. Saber que pagábamos por algo que no habíamos hecho, algo de lo cual no éramos responsables, sino víctimas inocentes, como ella. Qué distinto hubiese sido si nada hubiera cambiado. Si no nos hubiéramos mudado a aquella casita tan pequeña y tan alejada del centro de la ciudad, si nos hubiésemos quedado viviendo en la casa grande de la abuela, con todos los tíos contentos, y con mi madre sonriendo, aunque solo fuera muy de vez en cuando.

Son muchos los recuerdos traumáticos y horribles que guardo de su brutal forma de maltratarnos, de azotarnos. Pero hay uno entre ellos, que quizás sea el peor de todos, el más fuerte. Cuando recién nos habíamos mudado a la nueva casa, un buen día, asomados por una ventana, Gustavo y yo comenzamos a gritarle groserías a la vecina; «¡Puta!, ¡zorra!, ¡vieja loca!, ¡maricona!, etc.» ¡Vamos; nada del otro mundo! No se nos ocurrió otra mejor forma de entretenernos. Mi madre nos había dejado solitos a Gustavo y a mí, encerrados bajo llave. Éramos unos niños. Gustavo tenía seis años y yo cinco. Cuando mi madre volvió, la señora vino hasta la casa y le contó el episodio completo. Le dijo que intentara ponerle reparo a sus hijos, que éramos unos groseros, unos malcriados y unos maleducados. Que le habíamos faltado gravemente el respeto y que ella eso no se lo consentía a nadie. Después, se fue.

Pues bien, ¿qué hizo nuestra amadísima madre? Cometió el que, a mi modo de ver, fue el más brutal de todos los actos de su vida.

Nos desnudó completamente, en pelotas. Nos hizo hincarnos de rodillas. Se armó con una cuerda grande y gruesa y nos dijo: «Ahora vamos a pedirle perdón a la vecina» Seguidamente, nos hizo ir andando de rodillas por la acera hirviente del calor de medio día, delante de todo el mundo, desnuditos en pelota como estábamos, a pedirle perdón a la vecina. Entretanto, nos iba azotando con la cuerda con extrema dureza, con enorme brutalidad. Decenas de personas se detuvieron a contemplar el espectáculo, y nadie intervino. Nadie hizo nada por evitarlo.

El camino desde nuestra casa hasta la de la vecina se nos hizo eterno, porque no era que estuviese justo al lado, pegada con la nuestra, sino que una vereda ancha de paso comunitario las separaba, y aun por encima, quedaba en un alto, en una especie de cerro pequeño.

Cuando llegamos frente a la vecina, en la puerta de su casa, ya la sangre nos brotaba de la piel, y aun así, mi madre continuaba azotándonos. Al mirarnos así, la vecina se arrepintió de haber nacido. Cayó tendida de rodillas frente a nosotros suplicándole a mi madre que no nos pegara más. Corrió adentro a por una manta blanca y nos la puso por encima interponiéndose entre los latigazos de mi madre, que no paraba, y ella misma.

«¡Detente ya, por lo que más quieras, que los vas a matar» —le gritaba entre sollozos.

Aun hoy recuerdo su cara de llanto, de sufrimiento ajeno, de dolor compartido con nosotros. De no ser por su intervención, quizás mi madre nos habría matado allí mismo. Nunca antes nos había azotado de manera tan brutal, tan salvaje. Nunca se arrepintió de aquello, ni tampoco fue la última vez que nos castigó de aquella manera; a latigazos.

Durante más de un mes estuvimos sin ir al colegio ni salir de casa. Prácticamente nos arrancó la piel con la cuerda. Es algo que aun hoy recuerdo y me llena de angustia, me eriza la piel, me atormenta, me agobia.

—¡Qué barbaridad papá...! —le dije intentando consolarlo— —¡Cuánto has sufrido!

No pude evitar las lágrimas, él tampoco.

—¿Y qué fue del tío Enrique? ¿Ya murió? —le pregunté para desviar la atención a otra cosa.

—No lo sé —contestó—. Dicen que está recluido en un psiquiátrico, que con los años se volvió loco, que desarrolló el síndrome de Diógenes y que tuvieron que sacarlo amarrado de su casa, la cual había convertido en un vertedero. No sé si será cierto. Gustavo fue quien me lo comentó cuando estuvimos en Caracas. Después de lo de la masacre de Cantaura, tuvo mil mujeres, y un hijo en cada una, pero nunca quiso vivir con ninguna de ellas ni reconocer a ninguno de sus hijos. Nunca fue capaz de convivir con una mujer más allá del tiempo que tardaba en echarle un polvo. Después, las desechaba, las despreciaba, y teniendo la posibilidad, las maltrataba física y psicológicamente. Tampoco creo que haya logrado conseguir sus objetivos de vengar la muerte de Sor Fanny e implantar el comunismo en Venezuela.

—Ah..., ¿pero es que el Chávez este no es comunista entonces? —le interrumpí.

—Una vez —contestó—, vi una entrevista en la que le preguntaban a Fidel Castro, el dictador cubano, si Hugo Chávez era comunista o no. Sin vacilar, fue rotundo: «¡No! —dijo—; Hugo Chávez definitivamente no es comunista» «¿Y entonces qué es?» Le repreguntó el reportero. A lo que él contestó: «No lo sé. Pero lo que sí que sé es que comunista no es»

—¿Y entonces? —pregunté con gran sorpresa—. ¿Qué es lo que tiene en la cabeza ese señor?

—Creo que ni él lo sabe —dijo mi padre convencido—. Pienso que lo que tiene en el cerebro es una ensalada de dimensiones descomunales. No sabe lo que quiere, ni si lo quiere. Hace una mezcla de las ideas de Jesucristo, Bolívar y

Fidel Castro. Fomenta un odio irracional entre los venezolanos. Les hace pensar que la culpa de sus males la tiene otro. Que no son felices porque los poderosos no los dejan. Que Estados Unidos tiene la culpa de todos los sufrimientos del planeta. Que el mundo perfecto sería posible si no existieran los ricos.

A mí, y creo sinceramente que a la mayor parte de los habitantes del planeta, también me gustaría vivir en un mundo ideal, donde no hubiera diferencia entre ricos y pobres, donde todos tuviésemos igualdad de oportunidades, donde no hubiesen delitos ni delincuentes, donde nadie le quitara a otro lo suyo, donde, como dijo Jesucristo, todos nos amáramos los unos a los otros. Pero a estas alturas de mi vida tengo que reconocer y reconozco que eso no es posible. Siempre existirán ricos y pobres. Siempre habrá delincuencia. Siempre habrá quien le quite a otro lo suyo, quien mate, quien viole, quien secuestre, quien extorsione, etc.

Quienes tenemos algo de raciocinio y conocimiento cierto de la historia de la humanidad, sabemos que el mundo ideal no es posible. Jamás la humanidad podrá acceder a ese sueño. Simple y llanamente es algo inalcanzable, irrealizable; una utopía. Es precisamente ese sueño utópico el que lleva a la gente a lanzarse por despeñaderos tan horribles como este del chavismo; una mezcla absurda de cristianismo, comunismo, socialismo y bolivarianismo.

¿Cuál es el mejor sistema? No lo sé. Ni yo ni nadie. Creo que alguien dijo alguna vez que es el que sea capaz de llevar la mayor suma de felicidad posible a sus pueblos. Pienso que tenía razón. Si vemos lo que ha hecho el chavismo de Venezuela podemos decir que este no solo no es el mejor sistema, sino que con mucha diferencia, es el peor. La mayor suma de atrocidades cometidas nunca contra un pueblo desinformado, la peor de sus calamidades, la mayor de sus tragedias.

El relato de mi padre me impresionó enormemente. No podía ser de otra manera. Casi podía sentir el dolor de los golpes del tío Enrique en mi cuerpo, como si fuese yo la tía Ramona. También he creído sentir el sufrimiento de Sor Fanny resistiéndose a morir, y la asfixia del tío Enrique enterrado en la arena esforzándose por sobrevivir. No he podido dejar de revivir la imagen de mi padre andando de rodillas desnudo junto a su hermano Gustavo, mientras que su madre los azotaba con crueldad, como le hicieron a Cristo. Han sido muchas escenas brutales, dramáticas. Demasiada violencia para mí. Una abuela que se muere de tristeza y de dolor por el comportamiento salvaje y brutal de su hijo; una mujer ahorcada después de haber perdido su marido y ser violada repetidamente por su propio cuñado; una novia muerta de un disparo el día de su presentación; una madre que huye con sus tres niños pequeños y con su propia madre enferma de dolor; unos idealistas que son masacrados salvajemente, unos niños maltratados, ...

—¿Le odias? —le pregunté.

—¿A quién? ¿Al tío Enrique? —me preguntó él de vuelta sorprendido..

—Sí —le dije.

—¿Debería? —me contestó él sin contestar.

—No lo sé... —dije.

Durante unos breves instantes ambos nos quedamos mirando al horizonte pensativos. Los rayos del sol comenzaban a opacarse, señal de que la noche estaba cerca. Me hubiese gustado ir a aquel lugar de noche, o de madrugada, a la hora que ocurrió la masacre. Quizás encontraría los espíritus de los guerrilleros muertos haciendo lo mismo que en ese entonces; durmiendo algunos, levantándose otros, montando el café en los fogones alguno más.

—¿Tu le odiarías? —me preguntó mi padre sacándome de mis pensamientos.

—Es muy probable. —le contesté.

—Pues no me parece bien —dijo de vuelta—. Gracias al odio que se generó aquí ese día, ha surgido todo esto. Gracias al rencor, a la sed de venganza, a la necesidad de vaciar ese desprecio inmenso contra todo y contra todos, es que hemos sufrido tanto quienes nada hemos tenido que ver con lo ocurrido aquí. Yo te puedo hablar de lo sucedido en nuestra familia, mas, estoy completamente convencido de que si eso nos pasó a nosotros, a todos aquellos que han vivido situaciones similares puede haberles ocurrido igual o peor.

—Claro... —le dije, y él se quedó en silencio durante un largo rato mirando la placa con los nombres de los guerrilleros muertos.

Puede que mi padre tenga razón. Es más que probable que la tenga. Pero el tema de la causa, del responsable de todo, me dejó pensativa. Había sido tan vehemente en su exposición, tan firme en su convencimiento, que no quise asomarle mis dudas. Por un momento temí ofender su inteligencia con mis incertidumbres. Sentí miedo de deshonrar su discernimiento, su juicio siempre claro, lúcido, meditado.

Pero la fuerza de la sinceridad a mí, no dejaba resquicios por los que se pudiera colar las más mínima de las vacilaciones. Es en momentos como ese cuando un manantial de preguntas surge para atormentarme, para hundirme más en el desagradable mundo de las confusiones.

No podía creer que una sola causa fuese capaz de generar tantas y tan diversas consecuencias. ¿De quién fue la culpa de lo que le pasó al tío Enrique? ¿De los organizadores de las primeras ferias del mar de Puerto La Cruz donde se presentó Sor Fanny Alfonso Salazar y ganó? ¿Suya, por haberse enamorado de una subversiva? ¿De los revolucionarios cubanos por andar exportando su odio anti - sistema por el planeta? ¿De los causantes de la masacre de Cantaura en general, o de los que masacraron de esa forma tan brutal a Sor Fanny Alfonso Salazar en particular? ¿Del presidente Luis

Herrera Campins por haber dado la fatídica orden de atacar? ¿De quién es la responsabilidad de que la tía Rosario esté ahora mismo en Nicaragua alcoholizada y entregada al servicio de los pobres? ¿Cómo es posible que un solo acontecimiento genere una cadena tan terrible de consecuencias tan diversas, tan disímiles, tan diferentes? ¿No será que mi padre se equivoca al pretender ligar tantas consecuencias con una sola causa? ¿Y si el problema solo sea del tío Enrique, que haya nacido con una discapacidad innata para superar traumas, por lo que era cuestión de tiempo que con cualquier accidente en su vida comenzara a vaciar su odio contra los más débiles a su alcance?

No consigo darme las respuestas a tantas preguntas. Simplemente, no lo sé. Creo que a estas alturas, ni yo ni nadie lleguemos nunca a conocer esas respuestas. Solo queda especular.

El sol se fue, y mi padre yo volvimos ya de noche a Maturín, o a "la ciudad distinta", como orgullosamente la llaman los de aquí.

Ya de vuelta en Maturín, sentados mi padre y yo en un sillón que había en el pequeño balconcito de nuestra habitación del hotel, tarde ya aquella noche, una pregunta se me escapó de la boca espontánea, casi sin pensar:

—¿Y a tu madre..., nunca la odiaste?

—No, creo que no —afirmó con rotundidad—. Aparte de haberme dado la vida, tengo mucho que agradecerle. Creo que ni siquiera de niño fui capaz de odiarla. Es probable que mi falta de rechazo hacia ella se debiera a esa necesidad que tiene todo niño de apegarse, de sentirse protegido, de hacer como los perros, que aun y cuando su dueños los maltraten, siguen estando allí, a sus pies, fieles, con el rabo entre las piernas, esperando pacientes y resignados por su nueva ración, por su nuevo castigo, y agradeciendo con alegría la caricia más pequeña, el menor gesto de cariño.

Sin embargo, nunca pude olvidar lo que nos hizo, la forma cruel como nos maltrató tantas y tantas veces. Sus esfuerzos, su esmero y su dedicación cada vez mayor, quizás no fueran más que intentos vanos por lavar su conciencia, por estar en paz consigo misma, con sus recuerdos. Mas, nunca se arrepintió, o al menos, nunca se mostró arrepentida. Jamás nos pidió perdón por sus maltratos, por esa forma de criarnos tan agresiva, tan amarga. Siempre se justificó con la misma excusa; diciendo que ella sola tenía que criar a tres hombres y que no tenía otra forma de hacerlo que imponiendo su autoridad haciendo uso de la fuerza, de la violencia.

En sus momentos de castigo, de ira desatada, quizás nunca se le ocurrió pensar algo tan obvio como que nosotros, sus tres pequeños hijos, algún día nos haríamos mayores, que el tiempo corría de manera indetenible, y que cada uno de sus maltratos quedarían grabados en nuestras conciencias con tinta indeleble.

A la edad de ocho años, un día me llamó como de costumbre para exigirme la explicación diaria sobre mi comportamiento. También, como era habitual, le dije la verdad, aun a sabiendas de que sería castigado a latigazos desnudo. Le conté que me había jugado con otros niños del barrio lanzándonos piedras, y que a uno de ellos le había roto la cabeza sin querer. "Arévalo" recuerdo que se llamaba el niño.

«Pues, ya sabes lo que toca» —me dijo.

«Sí, lo sé.» —le dije.

Seguidamente, fui a desnudarme, tomé el cuchillo más grande de la cocina, el que usábamos para cortar la carne, y vine ante ella desnudo y con el cuchillo entre las manos.

«Toma —le dije—; ¡mátame! No quiero que me vuelvas a azotar, prefiero que me mates de una vez».

Sorprendida, como no podía ser de otra manera, me quitó el cuchillo, fue a buscar la cuerda y me azotó repetidamente una y otra vez.

Pero esa vez no me mantuve callado. Esa vez sí que lloré. Y lloré fuerte, a gritos. Mis hermanos, en el cuarto, se tapaban los oídos con fuerza para no escucharme, rogando a Dios porque me callara de una vez, porque no gritara más. Pero no lo hice.

Cada vez que me azotaba me volvía a decir:

«¡Cállate!, que si no te sigo azotando».

Y yo le decía:

«¡No quiero! ¡Quiero que me mates de una vez!».

Ese fue el antecedente más remoto de mi rebelión.

Desde esa vez, ella se dio cuenta de que era diferente, que no era igual de sumiso que mis hermanos, que mi subordinación a ella tenía fecha próxima de caducidad. Así fue, efectivamente.

A la edad de doce años, por vez primera le detuve la mano cuando, en público, intentó abofetearme, dejarme en ridículo. Estaba limpiando la acera de frente de la casa con mangueras a presión. Mariela, una niñita de edad similar a la mía había pasado por allí y detenido a hablar conmigo. Ni siquiera recuerdo de lo que estábamos hablando. Mas sí recuerdo que era una niña de la cual estaba prendado, semi - enamorado, de la forma que un niño de doce años se puede enamorar.

Cuando mi madre salió de la casa a ver si había terminado de limpiar, me gritó:

«¿A qué estás esperando? ¿Quieres que vaya con la correa?»

Me sonrojé de la vergüenza. Me dio un inmenso coraje tal desprecio, tal falta de consideración a mi dignidad. La niñita, asustada, se quedó petrificada de terror a mi lado. Seguidamente, mi madre vino hasta donde estábamos, levantó el brazo derecho con la mano abierta para agarrar impulso, y cuando a punto estaba de abofetearme, yo estiré la mía y la sujete con fuerza.

«¡Ni te atrevas a darme! —le dije— ¡Nunca más volverás a pegarme!».

Había dejado de ser el niño sumiso e indefenso para traspasar sin retorno, la línea de la rebelión. Ya tenía mucha más fuerza que mi madre. Siempre fui amigo del deporte, de jugar al futbol, practicar kárate, Judo y levantamiento de pesas, con lo cual había desarrollado la fuerza y el cuerpo de un atleta. Mi madre por su parte, era una mujer bajita, casi de mi tamaño por entonces, y de complexión flacucha, delgada.

Mientras aun sostenía la mano de mi madre en alto con fuerza, y la miraba desafiante a los ojos, de un grito atronador llamó a mi hermano Amílcar, que en esos momentos estaba haciendo sus deberes.

«¡Amílcar corre! ¡Ven afuera! ¡Tu hermano Franklin está alzado!»

Mariela, tremendamente impresionada, se fue corriendo asustada.

En cuanto Amílcar salió, mi madre le dijo que me sujetara por detrás, que me iba a "caer a coñazos allí mismo". Tal cual fue su expresión.

Detrás de él, también salió mi hermano Gustavo disparado como una flecha.

«¡No Amílcar! ¡No lo toques! ¡No le hagas nada!» —gritó, llorando angustiado, presa de un ataque de nervios, mientras que con su cuerpo se interponía entre los dos.

Para evitar más problemas, eché a andar con lo puesto; un pantalón corto, unas chanclas y una camiseta. Había estado dispuesto a enfrentarme a los dos, a mi madre y a mi hermano Amílcar. Tal era mi cólera. Pero, la actitud de sufrimiento de mi hermano Gustavo cercenó mi voluntad desafiante. Me dio mucha pena verlo así, llorando angustiado, protegiendo con su cuerpo el mío.

Mi hermano Amílcar se había hecho con el puesto de "lugarteniente" de mi madre. Era el segundo al mando en casa. No había un tercero, porque Gustavo y yo nunca quisimos ejercer de jefes uno del otro. Cuando mi madre estaba afuera, que era la mayor parte del tiempo, teníamos que hacer todo lo que nos decía. Era un déspota. Nos trataba mal. Nos hacía hacerle la cama, lavarle y plancharle la ropa, pulirle los zapatos, hacerle la comida, nos prohibía salir a jugar con nuestros amigos, nos castigaba dejándonos sin ver la televisión, nos pegada con correas, nos humillaba en público, nos ponía motes o sobrenombres ridículos para burlarse de nosotros ante sus amigotes ("boca e´ pato" me llamaba a mí, y "espaturrao" a mi hermano Gustavo), nos echaba gases anales en la cara, etc. Una vez llegó a casa y nos encontró a Gustavo y a mí en el cuarto de baño. Mientras él se duchaba, yo había entrado a orinar, porque no teníamos otro baño, sino solo ese. Por aquella época tendríamos diez u once años cada uno. Pues bien, no se le ocurrió otra cosa que decir que nos estábamos follando entre nosotros, que nos habíamos metido a maricas, y que nos había encontrado en plena faena sexual. Se lo dijo a nuestra madre, que no pudo dar crédito, y como quiera que ella no le creyese, regó el bulo entre sus amigotes y con todos nuestros conocidos en la zona, con la malsana intención de hacernos sentir vejados, que nos hiciesen la burla, que se mofaran de nosotros, hacernos el hazmerreir de todos en el barrio.

A la edad de nueve años dejé de hablarle. Gustavo, un poco más adelante.

Aparte de ser el favorito de nuestra Madre, también era su creación perfecta; hecho a su imagen y semejanza. Lo había moldeado de la forma como ella creía que tenía que ser un hombre; mujeriego, bebedor y mentiroso. Decía que los hombres tenían que ser muy machos, que tenían que tirarse todo lo que se les pusiera por delante, que no debían dejarse atrapar por mujeres estúpidas que pretendiesen matrimoniarse, que tenían que follar sin enamorarse, que aprender a beber desde pequeños, que ser fuertes, rudos, sin sentimientos, sin amariconamientos.

Aquella noche hice el intento por volver a casa varias veces, pero no fui capaz. Mi madre estuvo toda la noche de pie en la puerta de la calle esperándome con la cuerda entre las manos. Desde lejos podía verla. Quizás pensara que mi voluntad, tarde o temprano, tendría que resquebrajarse y que yo volvería cabizbajo a pedirle perdón. La última vez que la vi esa noche, eran las cinco y media de la madrugada, y los primeros rayos del sol ya asomaban en el horizonte. Era tanta su terquedad y tan indoblegable su autoridad, que no se apartó de allí ni por un solo momento. Ni siquiera para mear. Esa noche perdió la peor de sus batallas. No pudo sostener por más tiempo el castillo de naipes de su despotismo, y terca como ella sola, se negó hasta el último momento a reconocerlo.

Durante días estuve deambulando por la ciudad. Dormía escondido debajo de los coches, iba al baño en los bares, comía de lo que me daban amigos y conocidos. Freddy, uno de los grandes amigos que tuve en mi infancia, le contó mi problema a su madre, y me recibieron en su casa durante algunos días. Me dieron ropa para cambiarme, me permitían usar su baño y me dejaban un sofá dónde dormir.

«Bueno Franklin —me dijo la señora—; te puedes quedar aquí unos días mientras se arregle el problema con tu mamá, pero yo no quiero problemas con ella. Si te viene a buscar, vas a tener que irte»

Acepté sus condiciones.

Me había convertido en un pequeño salvaje urbano. Un día vi el coche de mi madre ante la casa de Freddy y no quise volver más allí. Mi madre me estaba esperando adentro con dos policías vestidos de paisano.

Seguí deambulando y escondiéndome. Cada vez que veía un coche de policía me escondía. Pensaba que todos andaban buscándome. Seguía comiendo de lo que me daban los vecinos, amigos y conocidos. En eso hubo mucha gente espléndida, muchos que me brindaban de comer si yo pedirlo, que me daban ropa, que me ofrecían sus baños.

A tres casas de la nuestra, vivía una psicóloga que trabajaba como orientadora en varios institutos de educación media. "Olimpia" se llamaba. Era una mujer un poco mayorcita ya; de más de treinta años, muy simpática y muy tratable. Trataba a la gente de "usted", siendo igual que fueran niños, adultos o ancianos. Eso denotaba su condición de "gocha", que es como aquí llamamos a los de la región andina; "gochos". Había tenido un derrame cerebral años atrás que le había dejado la mitad del cuerpo inmovilizado del lado izquierdo, por lo que caminaba de forma un tanto extraña, arrastrando la pierna izquierda, y no era capaz de levantar el brazo izquierdo, lo tenía inutilizado. Aun así, no había menguado su inteligencia, ni su capacidad de trabajar, ni la de empatizar, de ponerse en el lugar de otro.

Una de aquellas tardes me llamó para ofrecerme su casa para dormir, comer y ducharme. No me preguntó nada de nada. No quiso que discutiésemos el problema, mi situación, solo que, si yo quería, tomara lo que me ofrecía. Fue la primera vez que me duche desde que, tres semanas atrás, había escapado de casa. Mas, no sé si por temor o por vergüenza, rechacé su oferta de quedarme a dormir allí, con ella.

Otra de aquellas tardes me llamó para decirme que había alguien que quería hablar conmigo. Inmediatamente me eché para atrás, como la cobras.

«No es su madre» —me dijo, dándose cuenta de mis temores.

«Entonces ¿quién es?» —le pregunté.

«Una tía suya. "Mónica", me dijo que se llamaba...»

La noticia de que mi tía Ramona se había venido de Caracas, que me andaba buscando y que quería hablar conmigo me gustó. Durante todos aquellos años, había mantenido el contacto con nosotros; con mi madre y con mis hermanos. Cada año venía a visitarnos con su esposo al menos dos veces; en Diciembre y en las vacaciones de Agosto. Había tenido una niña, que ahora tenía cinco años, a la que habían puesto por nombre "Hisalin". También estaba embarazada de ocho meses, y a punto de llegar al noveno, por lo que era cuestión de días que pariera o que le hicieran la cesárea. Aun así, cuando supo del problema conmigo, quiso venir a interesarse por mí, a buscar una solución.

Ninguno de aquellos días yo había vuelto a tener contacto con nadie de la familia, ni siquiera con Gustavo. Sentí cierto temor, como era obvio, porque pensé que pudiera ser una trampa de mi madre para atraparme, encerrarme en casa y volver a someterme. No fue así, pero casi.

Habían estado conversando entre ellos; mi madre, los servicios sociales, la profesora Olimpia, la policía y la tía Ramona, y habían buscado una solución que querían proponerme.

«¿Te quieres venir conmigo a Caracas Franklin?» —Me dijo la tía Ramona entre lágrimas.

«Bueno...» —le dije, conmovido por sus sentimientos.

Al día siguiente estábamos partiendo. Quince días después, tuvo a su primer y único hijo varón. "Richard", lo llamó.

La tía Ramona fue muy espléndida conmigo. Su marido también era un hombre generoso. No se limitaban en gastos a la hora de la comida. Me trataban como a otro hijo más. Me compraban la ropa, me daban de comer y de beber lo mismo que ellos, me sacaban con ellos como si fuese otro de sus hijos, me llevaban a sus fiestas y reuniones, etc.

Mas, también hubo un "pequeño detalle" que incrementaba notoriamente la estima que me tenían, y es que yo me di cuenta, desde el primer día que llegué a vivir con ellos, que mi vida a partir de entonces no podría seguir siendo la misma y que, en consecuencia, tendría que ganarme las cosas en lugar de esperar que me las diesen hechas. De allí que desarrollé uno de los hábitos que veía más le gustaban de mí; el servilismo. Me había dado cuenta de lo mucho que les gustaba que les lavara la vajilla, les limpiara la casa, les atendiera los niños, les hiciera la compra, les preparara la comida, etc. No era que la tía Ramona me pusiese a hacerlo. Era yo quien voluntariamente me prestaba a ello. Los primeros tiempos ella puso cierta resistencia. No quería que yo me sintiese obligado a ser su servicio. Pero yo insistí con vehemencia, haciéndolo todo con o sin su consentimiento. Antes de que se diera cuenta, ya tenía la comida preparada, los peroles lavados, los pisos fregados y relucientes, los biberones de los niños calientes, etc.

Richard, el hijo pequeño de la tía Ramona, fue como un hijo para mí. La tía Ramona se vio muy mal en la recuperación de la cesárea. Apenas si se podía levantar de la cama. Estuvo así durante un buen tiempo; casi tres meses. De allí que entre Clemente, su esposo, y yo, nos teníamos que turnar para atender al niño, y como él trabajaba y estaba fuera todo el día, era yo quien tenía que llevar la mayor parte de la carga.

Pero lo hacía fascinado, encantado. El niño poco a poco se fue pegando cada vez más a mí. Normal que así fuera. Era yo quien le daba de comer, quien lo bañaba, lo cambiaba, le daba mimos, lo dormía meciéndole la cuna, etc. Era mi aroma el que percibía, mi voz la que oía, mis arrullos con los que se dormía. No sé quien se pegó más de quien; si Richard de mí o yo de él. Lo que sí sé es que nunca antes había sentido tanto amor por un niño. Podía estar todo el día mimándolo, acariciándolo, besándolo. Nos unimos de tal manera, que cuando lloraba era solo conmigo con quien quería estar, el que quería que lo cogiera en brazos, que lo mimara y que le diera de comer. Semejante apegamiento mutuo despertó los celos de su padre, que en sus días libres, cuando no tenía que ir a trabajar, me decía que se lo dejara por su cuenta, y le exigía a la tía Ramona mayores atenciones para con el niño.

Viví con la tía Ramona y su pequeña familia durante poco más de un año. Hasta que Richard cumplió un año y comenzó a caminar por su cuenta. No estaba cómodo con ellos, porque tenía que dormir en el sofá de la sala, ya que el pequeño apartamento solo tenía dos habitaciones; una en la que dormía la tía Ramona con Clemente, su esposo, y otra en la que dormían Hisalin y Richard, los dos niños. Además de eso había otra cosa muy importante que siempre tuve pendiente, y es que siempre quise retomar mis estudios. Aquí no es como en España, que si no vas al colegio o al instituto hasta que terminas la ESO te van a buscar a casa los servicios sociales. Aquí estudia el que puede si es que quiere. Quien no quiere no estudia nada, ni siquiera la primaria. Y el estado no castiga a nadie por eso.

Bien pues te decía que siempre tuve presente que quería retomar mis estudios. Cuando tuve el problema en casa con mi madre, había terminado el primer año de la ESO, y estaba inscrito en el segundo, que dejé a medias.

El tío Mario, que también vivía en Caracas, se había vuelto a casar y tenido un único hijo. "Gerard" lo llamaron. Muchas veces lo había vuelto a ver. Las cosas le habían ido mejor que a la tía Ramona. Él y su esposa trabajaban, y tenían un piso más amplio y más lujoso en una zona más céntrica de la ciudad. Me había dicho que cuando quisiera o estuviese dispuesto a retomar mis estudios, me fuera a vivir con ellos.

Cerca de su apartamento, a unas tres calles, quedaba un centro de estudios nocturnos privado donde él mismo había estudiado y conocía bien a su Director, que se había hecho su amigo. Me dijo que estaba dispuesto a ayudarme económicamente pagándome las mensualidades, siempre y cuando yo estuviese dispuesto a rendir. Aquella oferta me había ganado desde que me la hizo. La tía Ramona sabía que era cuestión de tiempo que me fuera de su lado.

Lo planifiqué todo de tal manera que mi mudanza coincidiera con el comienzo del año escolar. Por entonces aun no había cumplido los catorce años de edad.

—¿Y de tu madre y de tus hermanos qué había sido? —le pregunté.

—Mi madre —dijo—, siguió siempre pendiente de mi. Cada semana llamaba por teléfono a los tíos para preguntar por mí, por mi conducta, por mi comportamiento. Ellos estaban encantados conmigo, fascinados. Le decían que estaba muy bien, y que lo mejor era que me dejara hacer mi vida por allá. Que tenía planes de estudio. Que no salía nunca sin ellos. Que no me había hecho amigo de nadie. Que era muy trabajador y servicial.

Mi madre no se podía creer mi cambio. La única vez que nos vimos, antes de irme para Caracas, me dijo con un inmenso odio y un brillo de rabia tremendo en los ojos:

«Bueno... ¡Vete al carajo, si te quieres ir! ¡A ver si te van a soportar las malcriadeces! ¡De seguro que por allá te metes a malandro, o a marica!»

Pero sus premoniciones no se cumplieron.

Nunca los tíos tuvieron quejas de mi comportamiento. Jamás me maltrataron, al contrario. Siempre me trataron bien, me dieron bien de comer, de vestir, de calzar, etc.

El tío Mario estuvo pagando mis gastos del instituto mientras yo no me conseguí mi primer trabajo.

Avergonzado porque el tío Mario estuviese corriendo con los gastos de mi instituto, aparte de echarme encima todos los quehaceres de su casa, incluidas las lavadas y pulidas de sus dos coches cada fin de semana, me puse a buscar trabajo. Quise buscar algo que me permitiera pagarme mis estudios por mi propia cuenta, mis gastos personales (ropa, calzado, etc.), y que quizás hasta me pudiera permitir mudarme a una residencia para vivir solo, sin tener que seguir siendo el muchacho de servicio de mis tíos.

Conseguí el trabajo y comencé a estudiar de noche en el instituto. Lo que no hice fue mudarme aparte. Era muy pequeño aun. Acababa de cumplir los catorce años, y era muy difícil que nadie me alquilara una habitación de hostal o de residencia dada la minoridad de mi edad. Además, estaba el hecho de que los tíos se resistían a dejarme marchar. Me había ganado con méritos propios sus simpatías, el derecho a depender de ellos, aunque para ello hubiese tenido que trabajar como su sirviente, como su empleado doméstico sin sueldo.

El hijo del tío Mario, Gerard, tenía seis años menos que yo. Acababa de cumplir los catorce, y él ocho. Era un niño muy mimado, engreído. Se parecía mucho al primo de Harry Potter por lo necio y por lo gordito. También era blanquito, pero con el pelo rubio. Era el dictador de su casa. Había que hacer todo lo que decía. Solo se veían los canales de televisión que él quería y se podía oír la música que a él le gustaba. La comida era igual; solo se preparaba aquello que él decía, y cuando lo decía. Si le apetecía que comiésemos espaguetis toda una semana, había que complacerlo.

Quizás, su mimería se debiera a que era hijo único, aunque también pienso que buena parte de responsabilidad en su infantil comportamiento lo tenía su madre, que todo se lo justificaba, todo se lo consentía.

Una vez dejó el sartén de la cocina encendido a toda mecha porque lo habían dejado solo por un momento, y se encerró en su habitación a mirar los dibujos animados. Su madre había salido un instante a comprar el pan. No se incendió el apartamento de milagro. Todo se ahumó de negro, de hollín. Como premio, su madre se fue con él de vacaciones hasta tanto volviesen a pintar el apartamento, y llorando le pidió que la perdonara, que nunca más lo volvería a dejar solo.

En otra ocasión, porque le pusieron una camisa mal planchada, se escapó del colegio, tomó un taxi y se fue al aeropuerto. Le dijo al taxista que tenía que ir a buscar a su padre que era piloto de avión y volvía ese día de viaje de Francia. Estando en el aeropuerto, se coló, inexplicablemente en un avión que a punto estaba de partir con rumbo a Alemania. Como era blanquito y rubito, quizás le fue fácil pegarse al costado de algunos pasajeros para colarse. No ocurrió lo mismo en el avión, que en el momento del reconteo dio la alarma del infante polizón. Avisados sus padres, fueron a recogerlo al aeropuerto, donde furioso les esperaba el taxista con el taxímetro corriendo para que les pagara la carrera. Al verlo, su madre se arrodilló ante él para pedirle perdón por no haberle planchado adecuadamente la camisa, y para jurarle que nunca más lo volvería a hacer. Se echó a sí misma la culpa del desquiciado y anormal comportamiento de su engreído hijo. El padre, por su lado, también lo justificó.

El caso es que, durante tres años de mi vida, en el período que va desde que tenía catorce hasta los diecisiete, tuve que convivir con el primo Gerard y soportar sus malcriadeces, su mal comportamiento. Aunque él fue especialmente considerado conmigo. Compartía sus cosas conmigo; sus juguetes, sus regalos, pero no su ropa, con la cual era especialmente celoso. Me contaba sus cosas, sus inquietudes, sus problemas en el colegio, sus gustos por las niñas, etc.

Una vez me contó como vio a su padre introducirle el pene en la vagina a su madre mientras se duchaban los tres juntos. Que el pene se le puso largo y gordo y que, abrazados, ella dejó que él tomara su pene entre las manos y lo metiera por el hueco que tenía entre las piernas. Le dijeron que esas cosas las hacían los esposos que se querían mucho, y que eran normales y frecuentes. Que lo que no era normal era que los hombres se metieran eso por detrás, entre las nalgas.

Después que el tío Mario se fue a vivir a Caracas, se convirtió en un hombre tremendamente promiscuo. Se lo tiraba todo, como se suele decir. No le hacía ascos a nada ni a nadie. Le daban igual hembras que varones, e incluso, animales.

Tiempo después de que me mudara a vivir con ellos, me preguntó un día, con el mayor de los desparpajos, si aun no había follado. Como era obvio, le dije que no. Apenas tenía catorce años. Me dijo entonces que a mi edad él ya andaba follando burras con sus amigotes en el "Bajo Guarapiche", una zona cercana a un río caudaloso que hay en Maturín. Yo ya había escuchado muchas veces eso de que la primera mujer de los llaneros era una burra, pero nunca me lo creí. Siempre pensé que se tratara de patrañas, de cuentos y leyendas. Pero al parecer el tío Mario sí que lo había hecho. En él sí que se había cumplido la historia. Su forma de explicarme las posiciones de montar a la burra, de sujetarla por detrás, de meterle el pene y cabalgarla, no me dejaron lugar a dudas.

El día que me contó esas cosas, íbamos al aeropuerto a recibir a una prima de su esposa que venía de viaje. Antes de llegar, me volvió a sorprender con otra afirmación insólita. Me dijo que iba a hablar con ella, a la cual él se había follado decenas de veces, para que me hiciera hombre, para que fuera mi primera vez. Aquello me pareció tan surrealista que me negué a darle crédito. Simplemente, me lo tomé a risa.

Pocos días después, me di cuenta de que yo estaba equivocado. Efectivamente, el tío Mario había hablado con aquella mujer para encargarle la pérdida de mi virginidad. Me quedé absolutamente de piedra cuando una noche se metió en mi cama completamente desnuda diciéndome que necesitaba estar conmigo.

Aquella fue mi primera vez. Fue tanta mi emoción, que apenas colocar el pene en la entrada de su vagina, se me salió todo el semen y me entró la flacidez. Ella fue comprensiva y me dijo que no me preocupara, que otro día lo haríamos con más calma. Y efectivamente, así fue. Durante todo lo que restaba del mes que estuvo de visita, no me dejó descansar un solo día.

Con el tiempo me enteré que todas las mujeres de la familia de la esposa de mi tío Mario que los visitaban, cumplían el ritual obligatorio de montárselo con él. No era sólo porque él lo dijese, sino también porque en más de una ocasión lo encontré en plena faena sexual con algunas de ellas. Era tan desvergonzado, que le daba igual el lugar de la casa donde hacerlo, la única condición que ponía era que su esposa no estuviera presente, y parece obvio que así fuera. No me consta que ella supiera de los desmanes de sus hermanas, primas y sobrinas con él, aunque vista la magnitud de aquellas rochelas, era algo muy difícil de creer.

Después de aquella chica, el tío Mario me dijo que cuando quisiera estar con otra, se lo dijera a él. Que no tenía ningún problema en girar las instrucciones pertinentes. ¡Qué vergüenza!.

Aquello me parecía denigrante, humillante a mí mismo y a las chicas. Sin embargo, alguna que otra vez, volví a cometer los mismos actos libidinosos.

Mi primer empleo fue de aprendiz bancario asistiendo a clases en una institución de formación bancaria por las mañanas, y a prácticas a la oficina del Banco por las tardes. Era una especie de pasante, pero con un sueldo; el salario mínimo. Por las noches iba al instituto a terminar de sacarme la secundaria y el bachillerato. Fue por aquella época que conocí a Judith, a Jorge y a Mildred.

Jorge era un chico de unos diecinueve años por entonces, Mildred igual. Ambos estudiaban en el instituto, pero no se conocían. Cada quien iba por su lado. Ella estudiaba en una sección y Jorge y yo en la otra. Él vivía en una pensión cercana al instituto, y trabajaba de obrero en una fábrica de champús, cremas para el pelo, vaselinas y mentoles. Con los años se hizo el dueño de esa empresa, abrió varias franquicias y la expandió por todo el país. Hoy en día es una marca reconocida que no solo vende sus productos aquí, sino que exporta a varios países de la Comunidad Andina.

Judith era la secretaria del Instituto. Creo que se enamoró de mi desde el primer día que me vio. Yo por entonces usaba el uniforme del Banco; pantalón azul, camisa blanca y corbata azul oscura a juego. El primer día que llegué a pedir información para inscribirme, y a preguntar por el director, amigo de mi tío Mario, ella estaba escribiendo a máquina concentrada.

«Buenas tardes» —le dije.

No levantó la mirada. Quizás no hubiese escuchado.

«¡Buenas tardes!» —volví a decir, esta vez un poco más fuerte. Ella volteó a mirarme para seguir de nuevo con su trabajo, pero fue como cuando uno ve algo que le sorprende mucho, que casi de inmediato vuelve a mirarlo. Abrió los ojos muy grandes, dejó lo que estaba haciendo y se puso de pie.

«Buenas tardes...» —me dijo en tono muy cordial.

Pude ver cómo su mirada se detenía sin pudor debajo de mi cintura. Una amplia sonrisa se hizo en su rostro, y sus ojos líquidos reflejaron un brillo intenso, reflectante.

Desde entonces, y creo que para siempre, le tuve miedo. Cada vez que llegaba al instituto, para entrar a los salones tenía que pasar por una zona en la que ella estaba esperando para mirarme. No disimulaba, al contrario. En cuanto me veía, se ponía de pie inmediatamente. Yo, como conejillo asustado, siempre esperaba a Jorge para pasar ante de ella ocultándome detrás de él. A la hora del descanso también era igual. Salíamos a una cafetería que estaba al lado del instituto, pero para salir, yo esperaba a hacerlo ocultándome en un grupo, o detrás de Jorge. Aunque para esa época ya algunas chicas me habían gustado, nunca había tenido nada con ninguna. Tampoco ella me atraía, al contrario. La veía demasiado exagerada para mí; con sus zapatos de tacón alto, su sonrisa provocativa, su deseo a flor de piel, sus senos asomados de manera incitante entre el escote, etc. No era una mujer fea, al contrario. Ya tú la viste. Era como ahora pero mucho más guapa, más sensual. Pero no se trataba de una chica a por la cual yo fuera a ir, sino que era yo el chico a por el cual ella venía, y eso, quizás, era lo que me asustaba, lo que me intimidaba.

En los tres años que estuve estudiando allí, siempre fue igual, siempre la evadí, le saque el cuerpo, le temí.

Desde esa época, y durante muchos años, Jorge y yo hicimos una amistad enorme. Él estudiaba lo mismo que yo, aunque era mucho mayor. Tendría por entonces algunos veinte años, y yo catorce. Quizás, en todo el instituto yo era el menor, el más jovencito. Por eso todos me trataban con mimo, con cariño, como a una mascota. El instituto quedaba en un edificio pequeño, de dos plantas, pero ancho. Tenía una decena de salones, aparte de la sala de administración, la de profesores y la de la dirección.

Por aquella época, la ciudad de Caracas tampoco era muy diferente a la que conociste ahora. Quizás, en lo que más se diferenciaba era en los niveles de inseguridad y de población. Antes había mucha menos gente que ahora, y también había bastante inseguridad, pero nada comparado con lo actual. Sus calles eran como las de ahora, plagadas de gente, de vendedores ambulantes, de ladrones de carteras, de autobuses y coches viejos fumigándolo todo con sus enormes chimeneas de humo negro, fétido.

Poco después de mudarme definitivamente con el tío Mario, comencé a estudiar y trabajar. Salía a las seis de la mañana de casa y volvía a las once y media de la noche. Pasaba todo el día fuera. Incluso comía afuera. Cuando estaba mejor económicamente me daba el gusto de comer o de cenar en restaurantes, mas, normalmente comía por las calles y de prisa en las ventas de comida ambulante. Por esa época comí tantas hamburguesas y perros calientes que los llegué a aborrecer, a repugnar.

Sin embargo, todos los fines de semana asumía el control pleno de las labores de la casa. Seguí lavándole los coches al tío Mario, haciéndoles la compra, limpiando y fregando los suelos, lavando y planchando la ropa, haciendo la comida y fregando los cacharros. Todo en la medida de mis posibilidades. Nunca tenía tiempo libre, disponible. Siempre tenía algo qué hacer. Si no eran mis estudios, eran las labores de la casa, pero nunca tuve tiempo libre.

Mi madre nunca me abandonó del todo. Siempre siguió estando pendiente de mí. Mi rebelión fue total y absoluta. Me negué a volver a casa, ni siquiera de visita. Tampoco quise volver a verla ni hablarle. Muchos me criticaban. Me decían que estaba obligado a respetarla, amarla y venerarla. Que sus sacrificios por nosotros, sus hijos, eran de sobra conocidos y valorados por la sociedad. Lo que nadie nunca supo fue el tamaño de sus castigos, la brutalidad de sus agresiones y maltratos, y ni yo, ni ninguno de mis hermanos, lo comentamos con nadie jamás. Fue algo que guardamos para nosotros con vergüenza, con temor, con miedo. No por nosotros, sino por lo que le pudiera pasar a ella, por lo que la justicia le pudiera hacer. Cuando me fugué de casa y estuve aquellos día deambulando por las calles de Maturín, pensé que si me llevaban preso quizás podría contar las cosas que nos hacía para justificar mi huida. Pero no tuve esa oportunidad.

A los pocos meses de irme a vivir con la tía Ramona, mi madre y yo nos reconciliamos en el trato, aunque desde entonces siempre me mantuve a la defensiva, y nunca más dejé que me impusiera su autoridad. Ella lo intentó varias veces, pero yo siempre le rehuí, no le di el gusto de volver a someterme.

Contrariamente a lo que cualquiera pudiese pensar, la tía Ramona jamás castigó a sus hijos de manera violenta. Y no fueron unos niños mimados, como Gerard, al contrario. Fueron unos niños muy amados por ella y por su marido, Clemente, que solo vivía para ellos, para su pequeña familia. La tía Ramona siempre dijo que no quería que sus hijos fuesen partícipes de ninguna manera, de la violencia que ella había vivido, de las brutales agresiones de las que fue víctima cruel e inocente. Odiaba toda clase de violencia, de imposición de fuerza, de golpes. No quería que sus hijos sufriesen lo que ella había sufrido, que viviesen lo que ella había vivido.

Mi madre, por el contrario, jamás dio su brazo a torcer. Mi salida de casa a tan temprana edad no le sirvió de escarmiento. Siguió siendo la misma persona autoritaria y déspota de siempre con mis otros hermanos. Pero Gustavo no pudo soportar mucho tiempo sin mí. Cuando yo salí de casa para no volver, él fue, quizás, quien resultó más afectado. Todo su mundo se vino abajo. Se derrumbaron sus ilusiones, sus alegrías, como una castillo de naipes. Comenzó a presentar deficiencias serias en los estudios y en su comportamiento. No quería saber de nada ni de nadie. Lo único que le motivaba era ir a visitarme a Caracas, ir a estar conmigo. Comenzó a levantarse de noche sonámbulo, a caminar por la casa dormido llamándome, buscándome. Perdió el apetito y bajó tremendamente de peso. El conocimiento de sus sufrimientos eran, a su vez, la causa de los míos.

A pesar de que, por imposición materna volvió a dirigirle la palabra a mi hermano Amílcar, la relación entre ellos nunca mejoró. Hablaban lo necesario, lo indispensable. Se trataban con distancia, como extraños. Amílcar siempre siguió tratándolo mal, despreciándolo ante sus amigotes, vejándolo, humillándolo.

Cuando estaba a punto de cumplir los dieciocho años, se fue a Caracas buscando las maneras de estar conmigo definitivamente. Le dejó la casa llena de mensajes y notas de ánimo a mi madre;

«No sufras, que voy a estar bien», «Me voy con mi hermano Franklin que me necesita», «Siento la necesidad de irme, pero te prometo que algún día volveré», «Me voy en busca de mi destino», etc.

El tío Mario lo recibió también en su apartamento, haciéndonos la prevención de que no podía ser durante mucho tiempo, que tendríamos que buscar para donde irnos porque el piso ya se hacía pequeño para alojar a tanta gente.

Gustavo consiguió empleo muy pronto en una casa de compra - venta de oro. No tenía un mes trabajando allí cuando nos ocurrió algo inexplicable, insólito.

El tío Mario salió de vacaciones con su familia. Iban a estar fuera de Caracas durante dos semanas. Antes de irse, me dijo que podíamos quedarnos en el piso siempre y cuando no fuésemos a causar desastres, es decir, que lo mantuviésemos todo en orden, pero sobre todo, que no se nos ocurriese entrar en su habitación. Le dije que no se preocupara, que no iba a ocurrir nada porque yo prefería quedarme con mi hermano en el apartamento de la tía Ramona, como efectivamente hicimos Gustavo y yo. El tío Mario siempre había confiado en mí ciegamente. Solo a mí me había dejado las llaves de su apartamento y de sus habitaciones particulares.

Cuando el tío Mario regresó de viaje, y Gustavo y yo volvimos al apartamento, nos dijo que nos fuéramos a otra parte, que ya no quería que siguiésemos viviendo allí, que nos iba a dar solo el tiempo necesario para que recogiésemos todas nuestras cosas, siempre y cuando no fuese más de una hora.

Semejante actitud nos causó una profunda extrañeza y una enorme consternación. No quise contradecirlo en nada. El respeto que le tenía y el agradecimiento por habernos acogido en su casa durante aquellos tiempos eran superiores a cualquier deseo de explicación. Pensé que si así lo había decidido no sería yo quien para contradecirlo.

Acatamos su voluntad con el mayor respeto, recogimiento y resignación. Al despedirnos, le dije que cuando me necesitara siempre iba a poder contar conmigo, aunque solo fuera para venir a limpiarles la casa, hacerles la comida, lavarles y plancharles la ropa, o lavarle los coches. Que siempre me iba a encontrar a su disposición, a su servicio desinteresado.

Muchos años después, cuando a punto estaba de culminar mi carrera de abogado, me enteré de la razones que había tenido el tío Mario para adoptar aquella actitud. Era algo que jamás hubiese podido imaginar. En un momento apartado de una celebración familiar, mi hermano Amílcar me confesó que la culpa de aquello había sido suya. Yo ya casi tenía olvidado aquel triste incidente.

«Tengo que decirte algo —me dijo—, que lleva remordiéndome la conciencia mucho tiempo, y que si me llego a morir de repente no quiero llevarme conmigo a la tumba».

Pensé que era una de sus habituales bromas, pero no fue así. Como cosa extraña en él, estaba hablando en serio.

Ocurrió que por aquellos días, mientras estábamos en la casa de la tía Ramona, Amílcar fue a visitarnos. Se apareció en Caracas con un amigo suyo que decía ser de allí, de un barrio capitalino conocido con el nombre de Petare. Por la tarde, salió con su amigo y antes de las diez de la noche llamó para decirnos que se iba a quedar con su amigo por allá, en su barrio, con su familia. Me había sustraído las llaves del apartamento del tío Mario sin yo darme cuenta. Para hacerlo, me dijo que se las prestara un momento para ir a comprar unas cosas al supermercado. Como yo tenía todas las llaves juntas, las de la casa del tío Mario y las de la casa de la tía Ramona, se aprovechó de la oportunidad y fue donde un cerrajero a realizar una copias. Después vino ante mí y me las devolvió como si nada. Se fue con su amigo y unas prostitutas a pasar todos aquellos días en el apartamento del tío Mario. No solo entró en su habitación, lo cual me había prohibido expresamente, sino que les dijo a las prostitutas que el apartamento era suyo, y que podían comer y beber de todo lo que quisiesen de la nevera. El despelote fue tal, que cuando el tío Mario llegó de vuelta de sus vacaciones con su esposa y con su hijo, encontraron condones usados bajo su cama, y restos de porros y cocaína por todas partes. La nevera la habían saqueado completamente, y eso que el tío Mario era un hombre espléndido en cuestiones de comida, y nunca, que yo supiera, faltaban varios pollos, chuletas, pescados, mariscos, fiambres y quesos diferentes en buenas cantidades. Hasta una braga sucia se dejaron las prostitutas en uno de los baños.

Cuando me hermano Amílcar me hizo aquella confesión ya era demasiado tarde para enmendar el error. Habían pasado muchos años de aquello, y ni yo ni Gustavo hicimos esfuerzo alguno por tratar de entenderlo. Simplemente, seguimos enfrentándonos a nuestro destino de la mejor forma que nos fuese posible.

Lo único que eché de menos en todo aquello fue que el tío Mario me exigiese una explicación de lo ocurrido. Así se habría aclarado todo. Pero ni él ni su esposa fueron lo suficientemente inteligentes para realizar una investigación, para exigirme una explicación. Simplemente me atribuyeron a mí las responsabilidades por unos hechos que no había cometido. Demostraron lo poco que habían llegado a conocerme durante aquellos años de convivencia. Yo jamás habría sido capaz de quebrar la confianza que ellos tenían en mí. Mi recogimiento y mi silencio ante el castigo de nuestra expulsión fueron el mejor ejemplo de lo mucho que los respetaba, de lo inmensamente agradecido que les estaba por haberme acogido como a un hijo durante todo aquel tiempo. Fui como el perro regañado que, con el rabo entre las piernas, se echa a los pies de su amo resignándose en silencio a su castigo.

Cuando Gustavo y yo salimos de casa del tío Mario con las maletas colgando, no sabíamos a dónde ir. No podíamos irnos a vivir con la tía Ramona, porque su apartamento era demasiado pequeño para que entrásemos también nosotros dos. Lo que hicimos fue ir a hablar con el jefe de Gustavo a plantearle la situación. Era un hombre de dinero, con varios locales y tiendas de compra y venta de oro. Seguramente, pensamos, alguna podría tener desocupada. Acertamos.

El jefe de Gustavo nos permitió quedarnos en uno de sus locales desocupados mientras conseguíamos a dónde irnos. Fueron días difíciles, muy duros, porque el local ni siquiera tenía baño. Teníamos que hacer nuestras necesidades y lavarnos los dientes por las mañanas en los bares de la zona. Solo podíamos ir si consumíamos algo, porque no dejaban que cualquiera entrara de gratis, por lo que teníamos que gastarnos, por lo menos, el precio de un café.

Poco tiempo después, nos fuimos a un hostal feúcho. Con nuestros sueldos, la venta de algunas prendas y una ayudita económica de nuestra madre, alquilamos una habitación pequeña en una pensión.

Varios meses después, Gustavo cumplió la edad de dieciocho años, y con ello, llegó el terror.

En esa época, todos los jóvenes que al cumplir los dieciocho años no hubiesen terminado sus estudios de bachillerato, ni fuesen único sostén de hogar de sus familias, estaban obligados a presentarse voluntariamente al servicio militar obligatorio. Quienes no lo hacían, podían ser objeto de reclutamiento forzoso. Todos los cuerpos y fuerzas de seguridad del estado se echaban a las calles en una brutal y despiadada cacería de jóvenes reclutas en edad de prestar el servicio militar.

Gustavo no había culminado sus estudios de bachillerato, ni había querido inscribirse conmigo en el instituto para proseguir con ellos. Simplemente, se había negado a seguir estudiando. Lo único que quería hacer era trabajar y estar conmigo, a mi lado. Pero tampoco pudo seguir yendo a trabajar por temor a ser reclutado, a ser llevado a la fuerza al servicio militar.

El período de reclutamiento duraba un mes, y lo hacían dos veces al año. Ese tiempo lo pasó conmigo, escondido en la pensión. En cuanto pudo salir, se devolvió para Maturín, pero allá volvió a caer en lo mismo; en el vacío, la soledad, la angustia y el no querer seguir estudiando.

Seis meses después, cuando volvieron a abrir el período de reclutamiento militar forzado, se presentó voluntario.

Buena parte de la responsabilidad de su decisión la tuvo Amílcar, que lo incitaba a dar el paso, a que se presentará voluntariamente en el cuartel. Le decía que era un gallina, que no podría vivir toda su vida escondiéndose, que algún día lo iban a atrapar, que lo mejor para él era que dejara de ser una carga para ellos y saliera definitivamente de sus vidas, etc. Su crueldad no conocía límites. Se deleitaba torturándolo mentalmente.

El ingreso de mi hermano Gustavo en el ejército fue uno de los mayores golpes que haya recibido en toda mi vida. Fue un período de mucho sufrimiento para mí, de mucha tristeza, de mucha angustia, de mucha desesperación. Sentía profundamente que mi hermano más querido tuviese que enfrentarse solo a aquello. Las historias que se contaban de quienes iban a hacer el servicio militar obligatorio eran terribles. Se decía que les pegaban; que los maltrataban gratuitamente; que en lugar de formarlos como hombres útiles a la Nación, los sometían a todo tipo de vejaciones y humillaciones; que los desmoralizaban hasta grados insospechados, que no los dejaban dormir tranquilos por las noches, etc.

El día que Gustavo salió de permiso por vez primera, me dijo que todo lo que se decía del servicio militar obligatorio era falso, porque en realidad era mucho peor. Me dijo que había llegado al extremo de aborrecer su vida, y que las muchas cosas por las que había tenido que pasar, y los muchos sufrimientos que había vivido se los iba a llevar con él a la tumba, porque no quería que, conociéndolos, llegara a sufrir tanto como él. En eso ambos también éramos parecidos; el uno nunca le decía al otro lo malo que le hubiese ocurrido para no preocuparlo, para no hacerlo sufrir.

Gustavo no solo se presentó al ejército empujado por la crueldad de mi hermano Amílcar, sino también por otro pequeño detalle. Yo aun no había terminado mis estudios de bachillerato, y estaba pronto a cumplir los dieciocho años de edad, por lo que también estaba cerca de caer en la condición de ser candidato a ser reclutado de manera forzosa. Pero, si tenía un hermano haciendo el servicio militar obligatorio, quedaría exonerado automáticamente. De allí que Gustavo, viendo el peligro de que me llevasen a mí, quiso sacrificarse él. Iba a estar casi dos años en eso, en la vida militar, tiempo más que suficiente para que yo terminase mis estudios y me librase de pasar por ese horrible trance.

El cambio de Gustavo al salir del ejército fue brutal. Dejó de ser un niño, de pensar como niño para pensar como hombre, como adulto, como persona que busca salidas y soluciones a sus problemas. Su cambio físico también fue tremendo. La voz se le puso mucho más gruesa. El cuerpo se le puso como el de Rambo; hinchado de venas y de músculos. Cambio de personalidad a una firme, decidida, fuerte. Dejó atrás los temores cotidianos, las angustias por tonterías. Se transformó en otra persona.

Algunos meses después de que Gustavo ingresara en el ejército, comencé a estudiar en la universidad. Cinco años después, me estaba graduando de Abogado. Durante esos años las relaciones con mi madre mejoraron. La relación con mi hermano Amílcar también dio un vuelco. Diez años después de la última vez que nos habíamos hablado retomamos la comunicación oral. Mas, nunca llegué a tener mayores acercamientos con él mas allá de los estrictamente necesarios. No le guardé rencor por lo que nos hizo en

Caracas a Gustavo y a mí, lo del asalto al apartamento del tío Mario.

Mi madre se había mudado a otra casa más pequeña para alquilar la nuestra y ayudarme así a pagar la universidad, lo cual, obviamente, le agradecí enormemente. Le había hecho la promesa de que al terminar mis estudios volvería a Maturín para ayudarla, para compensarle por todos sus años de ayuda económica. Ella no lo necesitaba, porque con su sueldo de maestra y el alquiler de la casita tenía más que suficiente para vivir tranquila. Mas, aun así, decidí regresar a Maturín, mi ciudad natal.

Alquilé un pequeño apartamento céntrico en el que puse mi oficina. Tenía también una pequeña habitación con su baño y todas las comodidades.

Comencé a hacer aquello para lo que tanto había estudiado; ejercer el derecho. Nunca me imaginé lo que me iba a ocurrir a continuación. Fue un jarro de agua fría. Comprobé con gran sorpresa y desilusión que era muy distinta la práctica a la teoría. Durante mis años de estudio fui un entregado absoluto a los libros, al conocimiento jurídico. De hecho, fui el primer alumno de mi promoción, el que obtuvo las mejores calificaciones.

Por una parte, me sentía obligado a justificar ante mi madre su ayuda económica, sus sacrificios, y por la otra, estaba mi deseo intenso por querer aprenderlo todo, estudiármelo todo, saberlo todo. Mientras más estudiaba, más me gustaba mi carrera, más me enamoraba de mi futura profesión. Mas, el encuentro con la realidad del ejercicio, de la inmensa corrupción, del divorcio terrible entre teoría y práctica, echó mi mundo de ilusiones abajo.

No estaba dispuesto a hacer las cosas de forma distinta a como las había estudiado. Me negaba a sobornar a jueces, secretarios, escribientes y alguaciles para obtener lo que todo abogado debería buscar para sus clientes; "justicia".

Lamentablemente, mi primer año de ejercicio fue un estrepitoso fracaso. La gente no buscaba al que sabía más de derecho, al más estudiado, sino al abogado con mayor capacidad de corromper, de influir en los jueces. Los abogados buenos no eran los más preparados, sino los más corruptos. Aquellos que en la universidad también habían alcanzado el título sobornando a profesores, regalándoles cajas de buen whisky, citas con preciosas mujeres, dinero en efectivo, etc. Algo que yo repudiaba enormemente, que me asqueaba, que me causaba una profunda repulsión.

Pero no podía seguir dependiendo económicamente de mi madre. Tenía que buscarme la vida como fuera. Era el orgullo de la familia, él único de los tres hermanos que había estudiado, que tenía un título universitario.

Amílcar solo se había graduado de bachiller para evadir el servicio militar obligatorio, y después, como Gustavo, tampoco quiso estudiar más. Se había casado y trabajaba de vendedor de cigarrillos.

Gustavo, por su parte, al salir del servicio militar se había dedicado a la hostelería; trabajaba de camarero en un restaurant.

De allí que abrí una pequeña inmobiliaria para dedicarme al mundo de los negocios inmobiliarios, y me inscribí en la universidad pedagógica a hacer un posgrado en docencia universitaria.

Me fue bien en el negocio de los bienes raíces. Ganaba lo suficiente para costearme mis gastos. A los pocos meses, me llamaron de la facultad de derecho de una universidad nueva en la región, para contratarme como profesor de filosofía del derecho y de obligaciones civiles.

Me hice novio de Ana. Era alumna de la universidad en la que yo daba clases. Por su intermedio, el gobernador del Estado me consiguió un empleo en la administración pública como jefe civil. Era una especie de juez de paz, un "desfacedor de entuertos", como Sancho Panza en la Ínsula de Barataria. Además, también era el encargado del registro civil, el que llevaba las anotaciones de los matrimonios, los nacimientos y las defunciones en la parroquia, y daba los permisos para las fiestas públicas, los viajes de menores y las mudanzas.

En la jefatura civil, aparte de mí, trabajaban tres personas más. La secretaria, que asumía mis funciones en ausencia y tenía que firmarlo todo conmigo; una escribiente; y una señora mayor que se suponía era la encargada de la limpieza. Esta última tenía la obligación de ir a limpiar una vez cada semana, aunque en realidad sólo se aparecía una vez al mes porque, según ella, siempre estaba enferma, quebrantada de salud.

Durante el tiempo que estuve trabajando de jefe civil, entré en contacto con una parte de la realidad de nuestro país que no conocía. Fue impactante para mí. Por un lado estaba el caos administrativo, que era descomunal, exorbitante. Los libros de registro de matrimonios, presentaciones de niños y defunciones, tenían años de atraso, quizás décadas. Cuando alguien acudía a presentar a un niño, lo ponían a firmar el libro en blanco, y con una pequeña nota grapada en la página colocaban los nombres de los padres, el lugar de nacimiento, la fecha y la hora y el nombre de la criatura. Cuando alguien iba a buscar una partida de nacimiento, se la hacían partiendo de esos datos. Lo mismo para las defunciones y los matrimonios. El mobiliario de la jefatura era tremendamente viejo y desfasado. Las máquinas de escribir eran manuales, de las que usan cinta. No me explicaba cómo era que aun funcionaban. Eran verdaderas reliquias, fósiles dignos de museo. Los escritorios y sillas estaban oxidados, desvencijados y mugrientos por la falta de adecuada limpieza. Los archivos eran verdaderos nidos de ratas y cucarachas. Muchas veces se oía gritar a los ratoncitos escondidos clamando por sus madres. El ambiente olía a rancio, a orina y excremento de ratones y a mal sudor. El calor era insoportable. No había aire acondicionado, ni siquiera ventiladores. El suelo estaba cubierto con una espesa capa de mugre de los años que tenía sin ser fregado.

Por otra parte, estaba el encuentro con el día a día de la conflictividad social. Como jefe civil, tenía entre mis atribuciones la de ser el jefe de la policía local. Podía aplicar arrestos de hasta setenta y dos horas de duración. Es decir, que tenía la posibilidad en mis manos de aplicar alguna forma de justicia.

Atendía casos de todo tipo; violencia doméstica, violencia de género, maltrato infantil, conflictos entre vecinos, etc. Y cuando el asunto iba a mayores, como por ejemplo los casos de lesiones, violaciones, tráfico de drogas, etc., ordenaba la detención de los implicados, y notificaba al juez y a la policía científica, que a partir de entonces se hacían cargo.

Tuve contacto con todo tipo de situaciones. Pude ver de cerca lo que es el espíritu humano desnudo. Vi y conocí a mucha gente sin el más mínimo respeto por sí mismos. Gente que había perdido la ilusión por vivir, que no tenían escrúpulos de ningún tipo, autoestima, autovaloración. Mentes vacías, o llenas de ideas extremadamente absurdas, incomprensibles, incoherentes. Personas cuyo nivel de degradación había superado en mucho todo límite. Cualquier película de ficción se quedaba corta ante aquellas traumáticas realidades.

Cada día, al llegar a la jefatura civil, ya tenía una larga fila de personas esperando para que las atendiese. Algunos iban a poner denuncias, otros estaban citados para comparecer en actos conciliatorios. Cuando llegaba algún denunciado, lo sentaba frente a frente con el denunciante y les servía de árbitro en sus disputas. Después de intentar buscar una solución, los hacía firmar un documento por el que se comprometían, so pena de arresto, a respetar los acuerdos alcanzados.

Al salir de la jefatura civil, corría a la universidad a dar clases, o a la otra, a recibirlas. Estudiaba en una y daba clases en otra.

A los pocos días de comenzar a trabajar como jefe civil me casé con Ana. Se había embarazado y ambos estuvimos de acuerdo en que lo mejor era casarnos antes de que el bebé naciera. Alquilamos una casa amoblada y nos fuimos a vivir juntos. Eso fue en Abril de 1.998, un día cuatro. Seis meses después, naciste tú, la dueña única de mi vida.

Nuestra boda fue por todo lo alto. Una gran fiesta. Invitamos a toda la familia, tanto la mía como la de tu madre. También invitamos a nuestros amigos más íntimos, más allegados. Fueron más de trescientos invitados.

Hubo dos invitados excepcionales; mi padre y su esposa. Personalmente insistí en ello. Les llevé la tarjeta de invitación personalmente. Aun y cuando pocas veces nos habíamos vuelto a ver ni a tratar en aquellos años, creí conveniente que estuvieran presentes. Mi madre se puso roja como un tomate cuando lo vio. Era obvio que no se lo esperaba. Nunca más lo había vuelto a ver. La última vez que lo vio, nosotros, sus tres hijos, éramos niños, casi bebés, y eso que vivíamos en la misma ciudad.

En las bodas de nuestro país se suele bailar un vals al inicio. Es parte del espectáculo. Después de pasar por la iglesia, se hace una fiesta grande. Se suelen seguir algunas normas protocolarias. La gente asiste vestida de gran gala. Los invitados permanecen sentados en sus mesas. El novio y la novia ingresan al salón. Todos se ponen de pié y aplauden. Suenan los acordes de un vals. El novio y la novia bailan juntos, y después sus familiares más cercanos hacen fila para bailar con ellos. Una vez que los novios han bailado el vals, comienza el baile general. Los camareros sirven bebidas y pinchos en las mesas y la gente pasa la noche bailando y bebiendo. No es como en España, que la gente va a comer, beben vino, y al final es que hacen un baile y la gente bebe. Aquí no se hace así. No se sirve comida directamente a la gente, sino que se van colocando pinchos, o "tapas", como dicen en España, para que mientras la gente bebe vaya picando algo.

El primer baile lo hice con la novia, como no podía ser de otra manera. El segundo con mi madre. Tu madre hizo su segundo baile con su padre. Entre quienes aguardaban turno para bailar conmigo estaban mi tía Ramona en primer lugar, luego la esposa del tío Mario, y de allí en adelante otras primas, amigas y familiares. Cuando terminé de bailar con mi madre, me excusé con la tía Ramona para ir a buscar a su mesa a Karina, la esposa de mi padre. Su sorpresa y la de él, fue mayúscula. La gente aplaudió con fuerza. A mi madre estuvo a punto de darle un infarto.

«Este gesto te honra Franklin —me dijo al oído mientras nos contoneábamos al ritmo de los compases del vals—. Gracias por habernos invitado. Jamás lo podremos olvidar»

Mi padre, desde su asiento en la mesa, no pudo evitar las lágrimas.

Mi madre no se enfadó conmigo por aquello, como cosa rara. No dejaba de ser un acto simbólico. Se suponía que el novio iba bailando el vals con las personas más importantes de su vida en orden de preferencia; primero la novia, después du madre, y luego las que previamente se hubiesen establecido en fila de acuerdo con su preferencia. El orden de prelación lo establecía él. Y en orden de importancia yo decidí colocar a la esposa de mi padre en tercer lugar porque creí, sinceramente, que era necesario. Fue una manera de decirle a mi padre y a todos los presentes que no había odio, que no había rencor, que siempre se podía comenzar de nuevo, que el pasado y lo malo había que dejarlo atrás, y que cada día era una nueva oportunidad para comenzar, para arrepentirse de los errores, corregirlos y seguir adelante.

Nunca sentí odio hacia mi padre, rencor por habernos abandonado. Tampoco creo que le haya querido. Ni siquiera, que le haya necesitado, aunque sea probable que así haya sido. Cuando tienes algo y lo pierdes, le necesitas, lo añoras, pero nosotros nunca tuvimos a nuestro padre. No supimos nunca lo que su presencia significaba en nuestras vidas. De allí que difícilmente podíamos añorar algo que nunca perdimos porque jamás lo tuvimos. Es así de sencillo.

No fue un desprecio a mi madre, obviamente. Lo hubiera sido si en lugar de ir ella de segunda la hubiese sustituido por Karina, la esposa de mi padre. Pero no fue así.

La única que se sintió aludida fue la tía Ramona.

«¿Cómo pudiste sustituir a "la Karina esa" por mí?» —me preguntó con desparpajo.

No quise darle explicaciones.

El día veintiséis de Enero del año siguiente, 1.999, siendo las cuatro de la mañana nos llamaron por teléfono para avisarnos de la muerte por un infarto fulminante de Isidro, mi suegro. Días después nos mudamos a vivir con mi suegra, que al quedar sola no se sentía capaz de atender por su cuenta el negocio familiar; un pequeño restaurant.

Pocos días después, el día dos de Febrero, Hugo Chávez asumió el poder como presidente elegido por el pueblo por vez primera.

La casa y el restaurant de mis suegros quedaba en Caripe, un pequeño pueblo ubicado a dos horas y media por carretera de Maturín, la ciudad en la que vivíamos y yo trabajaba y estudiaba. No podía darme el lujo de renunciar a mis trabajos, por lo cual me encontré en una terrible disyuntiva. Volví a utilizar el despacho para dormir, como antes de casarme, y viajaba para Caripe a estar con ustedes los fines de semana.

En Caripe no había fuentes de trabajo para mí. Se trataba en un pueblo pequeño. Pero justamente en esos días posteriores, ocurrió un pequeño sismo político en el Estado del cual nos beneficiamos; el gobernador del Estado presentó su renuncia. Había realizado una jugada política traicionando a su propio partido para favorecer al candidato gubernamental en las venideras elecciones de gobernadores y Alcaldes, a realizarse en el mes de Diciembre de aquel mismo año. A mediados del mes de Abril renunció al cargo de manera inexplicable. No dio razones ni porqués, simplemente dijo que renunciaba porque consideraba que era lo mejor para el pueblo. Era miembro del partido Acción Democrática, opositor al de Hugo Chávez. Como consecuencia de la renuncia, el Presidente debía nombrar como gobernador interino a una persona de su confianza. Nombró a Miguel Gómez. El mismo que ese año se presentaría como candidato a la gobernación.

El gobernador saliente se llamaba Luis Eduardo Martínez. Se supo que la estrategia consistía en que, dejando que Hugo Chávez colocara en el cargo aquel nuevo gobernador que nadie conocía ni quería, tuviese tiempo suficiente ejerciendo como tal para que la gente llegara a quererlo y resultar así vencedor en las elecciones de Diciembre de ese año. Es decir, que su colocación tuvo la clara intención de favorecer su próxima elección mediante el adelantamiento encubierto de la campaña electoral.

Los jefes civiles dependíamos en orden de jerarquía de los prefectos, estos a su vez del secretario de gobierno, el cual rendía cuentas ante el gobernador de turno. Todos éramos nombrados a dedo directamente por el gobernador, aunque solo él era elegido por el pueblo. Éramos eso que se conoce como "funcionarios de libre elección y remoción". A mí me había designado en el cargo de jefe civil Luis Eduardo Martínez por su amistad con mi esposa. Ella era una fanática consagrada de su partido político; Acción Democrática. "adecos" llamaban a sus militantes.

Ana, mi esposa, era entonces eso; una "Adeca". Yo no. Nunca milité en ningún partido político.

En mi trabajo como jefe civil me dedicaba a atender mis funciones propias, abstrayéndome de toda clase de implicación política. No había sido fácil conseguir mi nombramiento. Los miembros del partido reclamaban su cuota de participación activa en la administración gubernamental, y un "independiente" no era bien visto. Sin embargo, pudo más la fuerza de la influencia de Ana en el partido. Mi nombramiento había sido la respuesta a su trabajo, influencia y participación entre las filas de los "adecos".

El prefecto del Municipio Caripe, donde vivían mis suegros, quizás notificado por lo que se avecinaba por el propio gobernador, no quiso esperar a su renuncia. Pocos días antes de morir Isidro había presentado la suya. Estando en el velorio me enteré de eso.

Intenté hablar con Luis Eduardo Martínez para que me diera el puesto de prefecto de Caripe, pero no me fue posible. El día después de su renuncia, mi padre me llamó para decirme que el gobernador entrante era un gran amigo de su infancia, que se habían criado juntos y eran grandes amigos. Que si necesitaba algo de él se lo dijese. Aquella repentina intención de mi padre por acercarse a mí me gustó. Sentí cierta pena por él. Le agradecí el gesto. Aquella noche fui a su casa y cené con él y su esposa. Me trataron como a un rey, y eso me gustó aun más. Le dije que iba a aprovecharme de su oferta, que no la iba a desperdiciar. Le pedí que hablara con el nuevo gobernador para que me diera el cambio para Caripe como prefecto. Me dijo que contara con eso. Que al día siguiente a primera hora iba a hablar con él.

Días después, mientras todos los prefectos y jefes civiles estaban presentando sus renuncias, a mi me estaban cambiando de destino a un cargo de mayor responsabilidad y con un sueldo superior. Fui el único al que no despidieron con el cambio de gobierno.

Miguel Gómez, el chavista gobernador entrante le puso como condición a mi padre para darme el cambio, que evitara a toda costa intervenir en política, que me centrara únicamente en la función de gobierno.

El chavismo de Caripe reaccionó con indignación a mi nombramiento. Como cuando estuve trabajando de jefe civil en Maturín, esta vez eran estos los que reclamaban su cuota de participación en el nuevo gobierno. Pero el gobernador salió en mi defensa. Fue entonces cuando me di cuenta de lo grande que debía ser la amistad que le unía con mi padre. Los chavistas me tildaban de "adeco", de venir del gobierno anterior, de haber sido designado por los adecos, de estar contaminado. Pero el gobernador puso las manos en el fuego por mí insistiendo en mi cualidad de hombre independiente alejado de las contiendas políticas.

En los meses siguientes, cumplí mi promesa a Miguel Gómez. Me centré con esmero en los asuntos de gobierno. Reorganicé las fuerzas policiales y las jefaturas civiles, me reuní con las juntas de vecinos para que me expusieran sus problemas y sus planteamientos sobre las posibles soluciones, me dediqué con intensidad al rescate de los niños que, hambrientos, deambulaban por las calles, instituí tribunales de arbitraje para solucionar los conflictos entre los vecinos, enfrenté con mano dura el maltrato infantil y la violencia de género, me puse al frente de los operativos policiales contra el tráfico de droga, la violencia callejera y la prostitución, etc. Los resultados no dejaban lugar a dudas. Mi gestión de gobierno en el municipio se notaba y los vecinos me lo agradecían.

Algunas voces comenzaban a aclamarme para que me postulara para Alcalde en las venideras elecciones. Hice oídos sordos de todas ellas.

Hermes Torrivilla, el Alcalde de Caripe era un hombre bueno, muy querido por su pueblo y que lo estaba haciendo bastante bien. Había sido postulado y elegido en nombre de Acción Democrática, el opositor partido del presidente Hugo Chávez. Es decir, que era "adeco" también. Cuando llegué al municipio me miró con recelo. No nos conocíamos personalmente.

«¿Cómo es que este adeco viene de prefecto en nombre del chavismo?» —le preguntó a mi esposa.

Ella fue la intermediaria entre ambos.

«Franklin no es adeco —le dijo ella—. Es independiente. Por intermedio de su padre le dieron el cambio para acá».

«Mmmmmm... —le contestó Hermes viéndome de reojo de lejos, como miran las gallinas—. Un espécimen extraño, sin duda...»

El primer día de mi nombramiento me entrevisté con él. Le dije que lo mejor para el municipio era que intentáramos trabajar de manera conjunta. Aceptó a regañadientes.

Con el paso de los meses y presto a llegar el día de las elecciones, la presión al gobernador para que me destituyese y diera paso a un prefecto chavista fue en aumento.

Un mes antes de las elecciones, en una asamblea multitudinaria realizada en la casa de la cultura de Caripe, dirigida por el propio gobernador y todo su tren de gobierno, las multitudes chavistas se enfrentaron unas a otras entre quienes me defendían y los que me criticaban.

«¡Fuera el prefecto adeco y corrupto!» —gritaban mis detractores

«Es el mejor prefecto que hemos tenido hasta ahora» —decían mis defensores.

Yo no estaba allí en ese momento. No había querido asistir, siguiendo la promesa hecha al gobernador de abstenerme de participar en cualquier clase de confrontación política. Pero un amigo presente, me llamó por teléfono y me contó lo que estaba ocurriendo. Me dijo que el gobernador estaba aterrado, que se le veía que las excusas se le acababan para seguirme defendiendo, que no le bastaba con que lo estuviera haciendo bien y que no participara en política, que el núcleo duro del chavismo exigía mi inmediata destitución para poner a uno de los suyos. El alboroto era tremendo. Los gritos se escuchaban desde afuera.

Pensé que tenía que hacer algo, que aquello no podía continuar así. En el momento de mayor euforia de los enfrentamientos, me presenté allí. En cuanto llegué, se hizo un gran silencio. Fui caminando por entre la multitud hasta el podio desde el que el gobernador, escoltado por la línea dura del partido, trataba de calmar a los asistentes. Sin subir las escalerillas, me paré debajo de él y miré a todos los asistentes con serenidad. Pudiera decirse que no se escuchaba ni siquiera el aletear de una mosca. Comencé a hablar en voz alta así:

«Llegué a este pueblo el mismo día que el señor Miguel Gómez tomó posesión de su cargo como nuevo gobernador. Le estoy agradecido inmensamente por su confianza. He tratado de retribuírselo haciendo mi trabajo lo mejor posible. Siento mucho que algunos lamenten mi independencia política. No creo que a estas alturas vaya a cambiar. Si ustedes piensan que haya alguno aquí que lo pueda hacer mejor que yo, ahora mismo presento mi renuncia irrevocable y definitiva...»

El retumbar de aplausos fue descomunal. Mis detractores se esfumaron como por arte de magia.

No obstante, un gran amigo mío que estuvo presente en una reunión privada que ese mismo día sostuvo el gobernador con el núcleo duro del chavismo, me informó que les había prometido que en cuanto ganaran las elecciones, una de sus primeras medidas sería mi sustitución, que se fueran pensando en el candidato a sucederme.

No me importó. Seguí haciendo mi trabajo procurando que la intensidad de la diatriba política no ejerciese influencia alguna sobre mis labores. Los chavistas se aquietaron. Se concentraron en la campaña, en la promoción de su candidato; el actual gobernador.

Los días previos a las elecciones fueron de nerviosismo generalizado. El estado se había vuelto ingobernable. Los chavistas habían sembrado con sus ideas radicales y el control político de prefecturas y jefaturas civiles, el caos y la anarquía. Los funcionarios policiales se había sublevado. Se negaban a acatar las órdenes de tanto loco suelto. El problema estaba en sus pretensiones, que rayaban en el absurdo. Querían que los policías persiguieran y castigaran a todo aquel que pensara distinto a los postulados radicales del chavismo. Que allanaran las sedes políticas del partido de los adecos. Que se abstuvieran de practicar detenciones de su gente, de los seguidores del chavismo. Que se subordinaran de manera incondicional a las órdenes del partido comunista.

La única excepción honrosa fue nuestro municipio; observador silente y pacífico de tanto odio desatado, de tanta perturbación social.

El candidato de los adecos en aquellas elecciones iba a ser uno que ya antes había sido gobernador; Guillermo Call. A pocos días de la renuncia de Luis Eduardo, salió a denunciar su traición, y a pedirle a su partido que se reorganizase para iniciar una nueva lucha. Las bases lo apoyaron. Inició entonces una lucha titánica, una lucha de David contra Goliat. Tenía todo en contra. El presidente Hugo Chávez iba a destinar ingentes recursos en la campaña política a favor de Miguel Gómez, toda vez que consideraba de vital importancia erradicar definitivamente lo que con desprecio llamaba "El Último Bastión Adeco de Venezuela".

Ana se había volcado en la campaña de una manera impresionante. Decía que a mí nadie me iba a sacar de la prefectura, que en cuanto los adecos volvieran al poder me ratificarían en el cargo, que siguiera mostrando mi independencia y haciendo mi trabajo como hasta entonces. Yo le decía que no se hiciera demasiadas ilusiones, que lo tenían todo en contra, que era extremadamente difícil que ganaran ellos las elecciones porque con la avalancha chavista era muy difícil competir.

A las ocho de la noche del cuatro de Diciembre de aquel año, los informativos de la tele anunciaban lo insólito;

Guillermo Call había derrotado a los chavistas por paliza. Los adecos volvían a tomar el poder en el Estado Monagas.

Había logrado sortear los picados mares de la conflictividad política extrema y salido airoso. En cuanto el nuevo gobernador asumió el poder, me llamó para ratificarme en el cargo. Fui el único ratificado. Todos los demás prefectos y jefes civiles salieron de sus cargos. De manera insólita, en menos de un año había estado frente a la renuncia masiva de todos mis colegas en dos ocasiones y quedado el único en ser ratificado.

El conglomerado adeco del municipio me apoyó plenamente. En aquellos meses previos de enormes trastornos socio - políticos había mantenido el municipio en paz, el equilibrio entre los poderes, el dominio de los cuerpos policiales y militares, la correspondencia fluida con las comunidades de vecinos, y lo que era mi mayor debilidad; el fortalecimiento en la protección de los niños maltratados y abandonados.

Durante todo el año dos mil trabajé de prefecto en el Municipio Caripe. No abandoné del todo las clases en la universidad, pero sí las reduje. Viajaba dos veces por semana a Maturín para dar clases en la facultad de derecho, a la vez que continuar con mis estudios de posgrado en docencia universitaria.

A finales de ese año, la clase política decidió que lo mejor era que se suprimieran definitivamente las prefecturas y jefaturas civiles, y que el control de sus funciones pasara en su totalidad a los alcaldes.

Hermes Torrivilla, el alcalde de mi municipio me pidió que continuara trabajando con él. Lo hice. Seguí al frente del registro civil durante todo el año 2.001 y parte del 2.002

Ana siguió en el activismo político de forma implacable. No descansaba. Sentía un inmenso desprecio por el chavismo, por todo lo que representaba.

El 11 de Abril del año 2.002, Ana quiso que fuésemos a Caracas a participar en una gran manifestación en contra de Hugo Chávez, de sus absurdas políticas económicas y del entreguismo de nuestro país a los dictados de la dictadura cubana.

La marcha fue inmensa. Creo que nunca en mi vida vi tanta gente junta. Todos querían lo mismo; el fin del chavismo, la renuncia de Hugo Chávez a la presidencia y la convocatoria a nuevas elecciones. Existía un ambiente de euforia generalizado. La gente comenzó a decir que ese tenía que ser el último de Hugo Chávez en el poder. La marcha, que inicialmente tenía la previsión de llegar solo hasta la avenida Bolívar, desvió el rumbo para dirigirse hasta el palacio de gobierno, unas cuantas cuadras más adelante.

En una zona llamada "Puente Llaguno", donde queda un pequeño puente que cruza la avenida Baralt, un grupo de chavistas radicales encabezados por Nicolás Maduro, uno de los mayores defensores del chavismo, aguardaba a la llegada de la manifestación. En cuanto comenzaron a aparecer los primeros manifestantes, comenzaron a disparar a matar.

Quince personas murieron ese día, y muchas otras fueron tiroteadas, entre ellas Ana. Yo iba caminando a su lado cuando de repente cayó tendida en el suelo sin yo saber por qué. Cuando volteé a mirarla me di cuenta de que le habían disparado, que le habían pegado un tiro en la cabeza. Me tendí sobre ella protegiendo su cuerpo con el mío para que no le volvieran a dar. De espaldas a los tiradores, grité todo lo que pude clamando auxilio. Toda la gente a mi alrededor gritaba aterrada. Muchos habían muerto en ese mismo instante. Ana aun respiraba. Sus ojos torcidos me causaron horror pensando que la habían matado.

Coloqué mi mano sobre su herida cubriéndole la hemorragia. Me quité la camisa para taponar la herida con más fuerza. Ana había perdido el sentido. Poco después escuché que alguien me decía que la cargáramos para llevarla al hospital. Un buen hombre había ofrecido su coche para transportarla.

Cuando llegó al hospital estaba casi muerta. Había perdido mucha sangre. La operaron de urgencia para sacarle la bala del cerebro. La operación duró una hora aproximadamente. A la salida, el médico me dijo que todo había salido bien, que habían logrado extraerle la bala y que pronto la subirían a una habitación para que se recuperara porque en aquellos momentos no había lugar en la zona de cuidados intensivos.

Respiré aliviado, aunque el relajo me duró poco.

«Sabía usted que su esposa tiene un tumor en la cabeza» —me dijo el médico seguidamente.

Fue el comienzo de la mayor de nuestras pesadillas, la razón por la que pocos meses después nos fuimos a vivir a España y la causa de que escribiera mi primer libro "La Casa del Columpio". El resto de nuestra historia está condensada allí, en ese libro. Al menos los seis años que vivimos en Galicia y que Ana sobrevivió al cáncer.

El día de la marcha, entrada ya la noche, un grupo de militares se sublevaron contra Hugo Chávez y le solicitaron la renuncia, la cual aceptó (o al menos eso fue lo que textualmente dijo el General Lucas Rincón, que para entonces fungía de Ministro de Defensa).

Nombraron un gobierno provisional encabezado por un cretino llamado Pedro Carmona Estanga, que por entonces era el presidente de la Confederación de Cámaras de Empresarios de Venezuela (Fedecámaras). Fue una verdadera chapuza de intentona golpista. A Hugo Chávez lo habían trasladado por la fuerza a La Orchila, una de las islas pequeñas que tiene Venezuela frente a sus costas. Pocas horas después, estaba retornando victorioso y más cretino que nunca. La intentona por derrocarlo fue una monumental chapuza.

LUNES 12 DE MARZO DE 2.012

Carta al ex - presidente Carlos Andrés Pérez.

Querida Dafne:
Dicen que mañana a poder ver a Hugo Chávez de cerca. Va a visitar una población indígena asentada a unas tres horas de dónde estamos. Mi padre me ha prometido ir a verle. Después de la comida saldremos para allá. En realidad, no teníamos planeado ir a verle a él exprofeso. Nuestro planes eran ir a conocer esos mismos asentamientos indígenas ubicados a las orillas del río Orinoco, en una población llamada "Tucupita". Siempre he querido ver de cerca a los indígenas. Puede que hasta con suerte logre hablar con alguno.

Pero no te escribo solo para decirte eso, sino también para contarte una cosa curiosa. Ocurre que anoche me visitó en sueños el ex-presidente venezolano Carlos Andrés Pérez. No es la primera vez que me ocurre. El día que me contaron quién era, y como lo habían sacado del poder después de las dos intentonas golpistas, también soñé con él. No sé qué andará buscando, que querrá de mí. Es muy probable que como me vea joven, fresca y carente de las intoxicaciones politiqueras de este país, quiera prevenirme de algo. No lo sé.

Le he hecho una carta y se la he colocado dentro del osito Tobi, que uso de almohada, con la esperanza de que cuando vuelva a meterse en mi cabeza la encuentre y la lea.

No sé si te parecerá que he hecho mal o bien. Si le escribí su carta a Bolívar en Caracas, ¿porque no habría de dejarle una también a este señor, que al menos se está tomando la amabilidad de visitarme en sueños?

Esto fue lo que le escribí:

Excelentísimo señor ex presidente de Venezuela Carlos Andrés Pérez:

Contestando a sus visitas a mis sueños, quisiera decirle que no me molestan, ni me incomodan. No piense que le escribo para reprocharle, para recriminarle, al contrario. Quisiera agradecerle que se haya tomado las molestias de abandonar su mundo para venir al mío, al de mis sueños. No suelo tener visitantes de su talla, de su estatura.

Que sepa que por lo que me cuentan, mucha gente en este país lo recuerda con agrado, y muchos de los que le atacaban en vida, ahora mismo reconocen lo bueno que usted era. No se alegre por ello. Es cosa común a todo muerto. Es muy probable que me ocurra también a mí cuando llegue al mundo en el que usted se encuentra.

Hay mucha gente arrepentida de haber hecho caso omiso de sus advertencias acerca del odio y el resentimiento de quienes en su momento intentaron derrocarle. Muchos se lamentan de haberlo utilizado como chivo expiatorio, sacándolo de la presidencia cuando el sistema se tambaleaba y las simpatías del pueblo se volvían hacia el lado oscuro de la fuerza. No bromeo. No se ría de mí. Soy una convencida firme de que, como en el caso de Dark Beider, el uso inadecuado de la fuerza trae consecuencias terribles, funestas, nefastas.

Debe usted intentar perdonarles. A veces las cosas ocurren de manera contraria a como nos ha instruido la enseñanza cristiana, y este fue su caso. Cuando dijeron "Que aquel que esté libre de pecados, lance la primera piedra", todos le lanzaron las suyas. No culpe al pueblo por ello. Quizás, la responsabilidad haya sido de la dejadez de los maestros de la moral cristiana al educar inadecuadamente a sus alumnos. Algo falló en la cadena de ensamblaje de pensamientos. Algo que hizo que en lugar de que la gente se guardara su piedra y reconociera sus propios errores, su incapacidad moral para ser el primero en lanzar su piedra, se abalanzaran de esa forma tan brutal contra usted.

No estaba yo allí en aquel momento, aunque de haber estado, quizás también le hubiese lanzado la mía. Tome en cuenta que no es igual la conducta en solitario, como esta mía al escribirle esta carta, que la conducta grupal, normalmente influida por razones que, como dijo en su momento el ingenioso hidalgo Don Quijote de la Mancha, "solo la sin razón conoce".

No juzgue usted a su pueblo. Intente comprender. Reconocerá conmigo que, como dijo en su momento Rafael Caldera, otro que debe estar con usted allá, no se le puede pedir al pueblo que salga a defender un sistema que no es capaz de darles de comer. Por algún lugar tenía que romperse esa cuerda, y el lado más flaco era el suyo; la cabeza visible de ese monstruo de mil cabezas en que se había convertido este país.

Debería intentar perdonar. No le guarde rencor a la gente que tanto le apoyó entonces. Ahora mismo, otras generaciones están tomando el relevo, y usted, como Rafael Caldera y todos los demás que estuvieron en la ensalada pre-chavista y pos-perezjimenista, han quedado para el recuerdo.

Usted hizo lo que pudo, pero no se puede poner al planeta a dar vueltas para el lado contrario. Así que no se preocupe más. Duerma tranquilo su sueño eterno, que tarde o temprano la gente se dará cuenta de que hay cosas que no pueden ser. Usted cumplió con su labor de abeja reina en su nido, en su panal. No juzgue a sus obreras. No se lo merecen. Nadie se lo merece. Ya verá como llega el día en que volverán a alimentarle, aunque ya solo sea en recuerdos.

Dese cuenta de lo que le hicieron a Jesús de Nazaret y entienda que no sería justo que los venezolanos pagaran el desprecio por usted de la misma forma que los judíos pagaron por el suyo.

Quizás, de su perdón dependa en parte la liberación de la irracionalidad que ahora vive este pueblo. Piénselo bien. Dedique algo de tiempo a ello.

Una amiga: Ana Cristina.

MARTES 13 DE MARZO DE 2.012

Encuentro con Hugo Chávez. Visita a los indígenas de Tucupita.

Querida Dafne:

Hoy estuvimos en Tucupita, como te dije ayer, visitando algunos asentamiento indígenas y aprovechando para ver a Hugo Chávez de cerca. La cantidad de gente que había era impresionante. Me sumergí en la marea humana cuando lo vi venir y me acerqué hasta él para verlo de cerca. Parecía un Papa, montado en un todoterreno descapotable repartiendo su gracia sublime y sus bendiciones. Había gente llorando, atacados de euforia con tan solo verlo. A mí, particularmente, no me causó gran impresión. Lo impresionante era el despliegue de militares, policías, helicópteros, coches oficiales y motorizados que le seguían y le protegían. Eso sí que causaba impresión. Él no. Parecía un gorila. Es un hombre estilo Hulk; musculoso, alto, fuerte, de manos grandes y gordas. El color de su piel es como el la mayoría de los venezolanos; canela, y tiene la nariz gorda y los labios gruesos. Dicen que tiene cáncer, que lo han operado varias veces en Cuba de eso. Y debe ser verdad, porque lo dice hasta él mismo.

El Chávez este estuvo solo de paso. No dio ningún mitin, ni se hizo ninguna concentración especial ni nada parecido. Solo andaba de eso; de paso.

Saludaba a la gente de forma extraña; golpeándose la mano izquierda abierta con el puño cerrado de la derecha. Repetía el gesto incansablemente una y otra vez. Un martillo pegando sin descanso.

Con respecto a la visita a los indígenas, decirte que fue alucinante. Es gente que vive prácticamente en la edad prehistórica. Sin ropas como las nuestras. Solo usan taparrabos. La mujeres andan con las tetas al aire, que les cuelgan como chanclas de playa. Los hombres muestran sus vergüenzas sin mayor pudor. Las tribus de indígenas aquí son conocidas con el nombre de "Waraos". Tienen una gran predilección por las casas construidas sobre el agua, es decir, que les gusta vivir en palafitos. Tienen su propia lengua, por lo que mis deseos de comunicarme con ellos quedaron frustrados. Supongo que estos indígenas no deben ser muy diferentes a los que estaban aquí cuando vino Colón, el doce de Octubre de mil cuatrocientos noventa y dos, casi quinientos veinte años atrás.

El lugar donde estuvimos se conoce por el nombre de Delta Amacuro. Es una región en la que hay decenas de ríos y caños, la mayoría de los cuales desemboca en el río Orinoco. Algunos, como uno que llaman "Río Grande", son navegables por buques de gran calado, de gran envergadura. La temperatura es como la de Maturín; muy cálida, de unos treinta grados permanentemente, y la humedad del ambiente nunca baja del 90%. ¿Tremendo no?

A los visitantes nos previnieron de no establecer contacto directo con los indígenas. Según decían los guías de turismo, el estado venezolano luchaba por preservarlos tal y como estaban. Que intentaban proteger sus formas de ser autóctonas. Que no debíamos intervenir ni influir en sus formas propias de cultura. Decía que ellos tienen su propia forma de ver el mundo; sus propios tipos de alimentos; sus propias medicinas naturales; sus propios curanderos; sus propios bailes y cantos, etc. Las mujeres, en cuanto les viene la primera menstruación, ya pueden ser entregadas como esposas, o ser robadas, secuestradas a la fuerza por sus pretendientes.

Supongo que si yo hubiese sido indígena, hace mucho tiempo que me habrían preñado, porque hace más de un año que me vino la menstruación y ya tengo el chumino lleno de pelitos negros.

Si te soy sincera, no estoy en absoluto de acuerdo con que a esta gente se les mantenga como monos de feria con la excusa de proteger sus culturas propias, de que haya que respetar sus "formas de idiosincrasia autóctonas". Se trata de individuos de la especie humana como tú o como yo. Si bien es cierto que no deberíamos arrogarnos el derecho de privarlos de sus formas de cultura de manera arbitraria, pienso que, al menos, deberíamos ofrecerles la posibilidad de conocer nuestro mundo, nuestras sociedades, nuestras formas de cultura, nuestro internet, nuestros teléfonos móviles, nuestras tabletas, etc. Si después que ellos tengan conocimiento de nuestro mundo, quieren integrarse, ¿quiénes somos nosotros para impedírselo?. Esa pretendida aspiración de mantenerlos encerrados en un mundo de fantasías, plagados de sufrimientos, no me parece adecuada.

EL guía turístico que nos tocó en la visita, decía que el problema se encuentra en "las necesidades". Mientras más conozcan de nuestro mundo, más necesidad tendrán de él. Pero yo me pregunto: ¿por qué no ocurre lo contrario?, es decir, por qué mientras más nosotros conocemos de sus mundos no nos surge la necesidad de vivir como ellos, de ser como ellos. Ese es un razonamiento sin sentido. Los estamos privando de la libertad de elegir, con tal de que entretanto sigan manteniendo inalterables los zoológicos naturales en que viven.

Mi padre me comentó que ni siquiera tienen registros de nacimientos, y que no les son aplicables las leyes del estado venezolano. Es decir, que los dejan regirse por sus propias leyes. En consecuencia, si un indígena viola a cualquier niña que se le antoje, no es castigado por nuestras leyes porque a él solo le son aplicables las suyas. Si se emborracha, agarra un puñal o un machete, y se carga a seis o a siete, no lo llevan a la cárcel. No le hacen uno de nuestros juicios. No lo castigan con nuestros castigos. Se puede internar en los montes huyendo de los vengadores de sus víctimas, y por allá hace una vida nueva, matando y violando a cualquier otro que se encuentre en su camino hasta que alguno más bárbaro que él lo encuentre y lo mate. Si una madre piensa que su hijo le ha nacido feo, puede lanzarlo al río con una piedra sujeta del cuello, y no recibiría reproche alguno por su anormal comportamiento.

Se me ocurre que quizás, muchos de los criminales de nuestras sociedades pudieran tener un buen lugar en el que refugiarse si después de cometer sus delitos se vienen a vivir entre esta gente como indios, como animales salvajes. Nadie podría arrogarse el derecho de prenderle porque es un indio, es un salvaje. Lo que dudo es que logre soportar el cambio. Si viera cómo viven estos seres, lo que comen, cómo duermen, y en fin, como llevan su día a día, quizás prefiera el encierro en una de nuestras prisiones.

Me imagino que salir del indigenismo debe ser algo así como volver a nacer. Mientras algunos piensan que esta gente está bien así, y que de esta manera son felices a su manera, yo me manifiesto completamente contraria. Creo que dentro de cada uno de ellos hay una voz que clama por que les rescaten, porque les liberen de esa forma de vida tan primitiva, tan salvaje, tan brutal, o al menos, porque les mostremos el camino a la libertad. Mirándolos detenidamente a los ojos me ha parecido escucharla.

«Creo que ese es un planteamiento un poco temerario —me dijo mi padre cuando le planteé mi tesis—. Si todos los países del mundo fueran como España, no te diría que no, que aun con todas sus deficiencias le permite a sus ciudadanos vivir medianamente mejor que la mayor parte de los habitantes del planeta. Pero, date cuenta de que el mundo es muy distinto en cada lugar. Aquí mismo, en la mayoría de los países de América Latina, hay muchísima gente hurgando en los basureros para encontrar algo que comer, algo con qué alimentar a sus hijos, a sus familias. Gente que no tiene acceso a los servicios básicos mínimos, como el agua potable o la luz eléctrica. Niños que nunca serán escolarizados. Miles de personas que no saben ni tan siquiera leer ni escribir, que jamás podrán ir a una universidad, que no tienen la más mínima posibilidad de conseguir un empleo digno porque solo sirven para trabajar de obreros, y los utilizan como esclavos aprovechándose de sus ignorancias, de su falta manifiesta de un nivel mínimo de cultura. Si fuésemos a sacar a estos indígenas de aquí para llevarlos a vivir en sociedades mejores que las suyas, yo estaría de acuerdo contigo, pero esto no siempre es posible. Tú los juzgas y juzgas a los demás por la forma como tú misma has vivido. Pero te aseguro que en nuestras sociedades hay gente viviendo en condiciones infinitamente peor que estos indígenas».

Las palabras de mi padre me pusieron a pensar, como cosa rara.

VIERNES 16 DE MARZO DE 2.012

Visita al pueblo de Caripito. El contacto con la gente del campo. La sonrisa de los niños. Anécdotas de la vida de la Abuela María. Las chifladuras del tío Gustavo; el rapto y su matrimonio con una mujer casada.

Querida Dafne:
Mañana regresamos a España.

No había podido volverte a escribir. La experiencia de los relatos de la masacre de Cantaura y de todas las cosas que he vivido estos días, me han dejado muy afectada. Quizás, mi padre no haya imaginado la magnitud de lo violento que iba a ser todo esto para mí, aunque cierto es que me previno. Lo he visto cabizbajo y pensativo estos días.

Le he perdido la ilusión a este viaje. Nunca creí que fuera a participar de tanta violencia, de tanto dolor, de tantísimo sufrimiento.

Hemos visitado otros lugares de aquí, del oriente de Venezuela, pero ninguno ha llamado mi atención. No he podido dejar de pensar en la inmensa lucha que se sigue gestando aquí cada día entre partidarios y detractores de revoluciones, contrarrevoluciones y demás estupideces semejantes.

Aquí la gente no vive para vivir, sino para sufrir. El fanatismo político los tiene a todos enloquecidos, traumatizados, enfermos de un odio muy difícil de sacar de sus vidas.

No puedo calificar la experiencia de este viaje sino de traumática. Nada le tengo que reprochar a mi padre, al contrario. Pienso que ha hecho bien al dibujarme las realidades de mi país natal como son, sin adornos, sin mentiras ni medias verdades.

Tampoco he querido asistir a la presentación de su libro en el Colegio de Abogados de aquí, de Maturín. Tal ha sido mi desazón, mi congoja.

Citarte en esta carta, una cosa que vi estos días pasados y que llamó poderosamente mi atención. Es el tema de los niños. Verás...

Tal y como en su momento mi padre me prometió, fuimos un día a Caripito, un pueblo pequeño en el que nació y trabajo durante muchos años como maestra rural, mi abuela María (su madre). Allí también están enterrados sus restos mortales en el cementerio, junto con su propia madre y otros miembros de la familia.

El pueblo estaba ubicado como a una hora de la ciudad de Maturín. Las carreteras para llegar hasta allá eran tremendamente angostas y plagadas de baches y curvas. La zona era muy distinta a la de Cantaura. La vegetación era más espesa; mucho más tupida e intensa.

El caso es que estuvimos en contacto con la gente del campo, en la zona donde tenía su asiento la escuelita en la que mi abuela María dio clases. Era un caserío muy pobre. Llevaba por nombre "La Pega". Un nombre un poco raro, ordinario, aunque hay que reconocer que original, muy original. Muchas de sus casas no disponían de los servicios mínimos elementales, esto es; agua potable, luz eléctrica, y ni siquiera baño. Estaba ubicado en medio de un espeso, intrincado y oscuro bosque, donde a pleno día parecía que era de noche por lo tupido del follaje, por lo frondoso de los árboles y la espesura de maleza. Un sonido constante parecido al ulular del viento con fuerza, se escuchaba constantemente proviniendo de las montañas. "Monos aulladores", me dijo mi padre que eran. La gente apenas si tenía qué comer. No había fuentes de trabajo. Todos vivían de la tierra, es decir, de la siembra, de la cosecha y de la venta de sus productos. Tenían animales domésticos de todo tipo; gallinas, patos, cerdos, conejos, pollos, perros, gatos, pájaros, etc.

Pero bueno, lo que te quería decir de los niños era que en medio de aquellas privaciones tan terribles, me fue difícil encontrar uno solo que no estuviese sonriendo. Todos reían, el que más y el que menos. Algunos andaban semidesnudos, con las barrigas hinchadas de lombrices, la piel curtida de tierra, y los mocos adornándoles los morritos. Pero todos reían. Era una constante permanente. ¿Qué paradoja no? Sus miradas inocentes y perdidas me recordaron aquello de que no es más feliz quien más tiene sino el que menos necesita. Ellos no necesitaban de nada porque no habían conocido nada más. En esto se parecían a los indígenas que conocí antes en Tucupita. Yo, violada reiteradamente por una forma de cultura tan distinta a las suyas, no creo que pudiera sobrevivir en sus condiciones por mucho tiempo. Tendrían que hacerme lo que dijo mi padre en la presentación de su libro; trasplantarme un cerebro.

También estuvimos en el cementerio del pueblo. Allí estaban enterrados los restos mortales de mi abuela María, como te dije antes. No hay nada que recuerde de ella. Mi padre me ha mostrado muchas veces fotos y videos donde aparece. Murió de un cáncer. Toda su vida fue una fumadora empedernida. Le salió un tumor en un lugar del cuerpo llamado "El Cardias". Es una zona que se encuentra en la boca del estómago, en la entrada. Le cerró la entrada y no pudo comer ni beber nada más, por lo que murió de hambre y de sed. Cuando le diagnosticaron la enfermedad ya era demasiado tarde para operarla. Además, ella siempre se negó a dejarse tocar por los médicos.

Después que sus tres hijos se fueron de casa, quedó completamente sola. Le ocurrió igual que al tío Enrique, con la diferencia de que él tuvo mil mujeres distintas y un hijo en cada una. Ella no volvió a rehacer su vida nunca más. Solamente una vez se echó pareja, y para lo que era, mejor le hubiese resultado quedarse sola. Se trataba de un chulo, un parásito que aprovechándose de sus sentimientos, de su intensa necesidad de compañía y de afecto, le quitó lo poco que tenía; su sueldo mensual. Le llevaba más del doble de la edad. Cuando iniciaron su relación él tenía veintidós años y ella cuarenta y seis. Había estado preso en varias ocasiones por su "pequeño y desagradable" hábito de quitarle a los demás lo que no era suyo. Nunca había estudiado nada, por lo que era un analfabeta que no sabía ni leer ni escribir. Se llamaba "Emilio". Era un delincuente seguido de cerca por todos los cuerpos policiales. Consumía toda clases de drogas, desde las más suaves hasta las de aguja, como la heroína.

Cuando la abuela María se fue a vivir con Emilio, mi padre ya había terminado sus estudios universitarios de derecho y regresado a Maturín. No quiso volver a vivir con ella. No por rencores del pasado, sino porque sus caracteres tan parecidos impedían una convivencia en común. Ni siquiera se atrevieron a intentarlo. Ambos sabían de sobra que sería inútil.

La abuela alquiló una chabola en el campo, alejada de todo el mundo para no tener que darle explicaciones a nadie de sus actos. De cierta forma, sentía vergüenza de aquella relación tan desequilibrada entre ella y Emilio, el analfabeta. Él le dedicaba parte de sus noches, el resto lo pasaba entre prostitutas y drogadictos gastándose el dinerito para comer de la abuela María.

Desde un primer momento, mi padre trató de influir sobre la abuela María para que desistiera de aquella malsana relación. No podía entender las razones que llevaban a una mujer con su inteligencia a mantener una relación tan manifiestamente descompensada. Pero ella hacía caso omiso a todas sus recomendaciones. No le importaba lo que le dijeran de él. Estaba cegada, desesperada. Quizás su desespero amatorio respondiera a una necesidad de llenar un vacío enorme que desde que sus hijos le habían abandonado, se la había ido consumiendo día tras día. O quizás, solo fuera eso; enamoramiento.

Una relación así no podía durar demasiado. Era obvio y evidente que cuando Emilio viera que nada más podía sacarle a la abuela María, la dejaría. Cuando mi padre iba a visitarla al campo, siempre la encontraba sola. Emilio le había quitado el coche y siempre la dejaba sola y sin suministros, ni siquiera con qué comer. El carácter de la abuela, otrora indomable, había sucumbido lamentablemente ante una lacra, un ser despreciable, un miserable. Todos los intentos de mi padre porque la abuela terminara con aquella malsana relación fueron vanos. Una sobredosis de cocaína y heroína fueron las que acabaron con aquello.

Después que quedó sola, la abuela María se cerró mucho más en sí misma. Se negaba a salir de su casa para nada. Ni siquiera a hacer la compra. En su pequeña finca tenía todo lo que necesitaba; animales de compañía (perros y gatos), animales domésticos (gallinas, pollos, cerdos, conejos), y cultivaba en su propio huerto tomates, cebollas, pimientos y papas. Muchos de los que fueron sus alumnos, en sus años de maestra de escuela, venían a estar con ella durante días acompañándola en su soledad. Pero nada le daba consuelo. Su aislamiento espiritual le acompañó hasta que un buen día decidió dejar de comer y de beber. No lo hizo por gusto, sino porque en verdad no le entraba nada, ni el agua. Se empeño en decir que no comía ni bebía porque no le daba la gana, pero tal anormalidad y una extremada delgadez, cada día peor, dieron la voz de alarma en Gustavo y Amílcar. Por entonces ya mi padre tenía años viviendo en España.

Cuando la abuela María anduvo viviendo con Emilio, Gustavo ya había terminado el ejército y se había casado con una mujer que a su vez, ya estaba casada. Eso le valió a la chica varios meses en la cárcel, porque casarse otra vez sin haberse divorciado previamente es un delito conocido con el nombre de "bigamia". Mi padre les sirvió de abogado para sacarla de prisión. "Ismery" se llamaba la chica. Se conocieron en la casa de la tía Ramona, en Caracas, donde había ido a trabajar como chica de servicio. Era también de Maturín, donde la conoció la tía Ramona y la contrató para que trabajara con ella. Pocos días después, el marido se fue a vivir a Caracas en una chabola con la hija de ambos. La quería tanto que le costaba mucho separarse de ella, y quería que, al menos, estuviesen cerca. El chico se llamaba Augusto. La niña se llamaba Isaura, y recién había cumplido los dos años de edad.

Ismery tenía dos meses viviendo y trabajando en la casa de la tía Ramona cuando un día, por pura casualidad, Gustavo llegó de visita. Esa misma noche se escaparon de allí los dos juntos. Se fueron haciendo autostop para las playas del litoral, ubicadas a una hora de Caracas. Allí pasaron los dos toda aquella noche a la orilla de la playa, revolcándose entre arenales caribeños y amores inexplicables, inconcebibles. Al otro día por la mañana, consiguieron una moneda pidiendo por las calles y llamaron a mi padre desde una cabina para que, o fuera a buscarlos o les enviara dinero para ayudarlos. No quisieron llamar a nadie más porque sabían que mi padre, cuya debilidad por Gustavo desde siempre había sido manifiesta, no les iba a dar la espalda ante tamaña locura. Mi padre no solo se echó el viaje para buscarlos (de ocho horas por carretera), sino que también les dejó su apartamento por unos días para que se pensaran con detenimiento la atrocidad que estaban cometiendo, y para que reflexionaran sobre lo que querían hacer a partir de entonces.

El tío Gustavo e Ismery no solo no reflexionaron nada, sino que cometieron el segundo mayor error de su carrera como pareja, que fue casarse sin que ella se hubiese divorciado. Ismery nunca le ocultó a Gustavo aquel "pequeño detalle".

Ambos sabían que estaban cometiendo un error, lo que no conocían era el tamaño de sus consecuencias.

El esposo de Ismery y padre de su hija se había quedado en Caracas viviendo solo con la niña sin que, dos semanas después de lo sucedido, se diera por enterado de que su esposa se había ido de luna de miel con Gustavo. La tía Ramona no le había querido decir nada por miedo a las consecuencias de semejante despropósito de circunstancias. Ni siquiera le había querido abrir la puerta las veces que fue a visitarla. Extrañado por aquella anormal situación, fue a denunciarlo a la policía, la cual, al acudir a casa de la tía Ramona a investigar, le informó que en realidad hacía dos semanas su esposa se había devuelto para Maturín, su ciudad natal.

Cuando el esposo de Ismery regresó a Maturín con la hija en común de ambos, se enteró de lo suculento del pastel. No solo de los cuernos, sino también de la boda secreta. Abandonó a la niña en la casa de la madre de Ismery y nunca más quiso saber de ellas. Antes de desaparecer de sus vidas, anduvo varios días detrás de sus pasos, escondiéndose con una cadena entre las manos para darle una tunda de cadenazos en cuanto se la encontrara. Quería hacerle pagar por su dolor de hombre corneado. Lo hizo. Una noche, a la salida de una discoteca, la espero oculto detrás de un coche aparcado, y en cuanto la tuvo cerca ¡ZASCATA!, le zampó "chiquito cadenazo" por la cabeza. Por poco la mata. Le abrió una brecha gigantesca en el cuero cabelludo. Sus acompañantes de entonces, entre los que no estaba el tío Gustavo, la llevaron al hospital mientras el marido cornudo, lavada su afrenta con sangre, huía del lugar.

En los días posteriores, apresaron al atacante, pero lo soltaron pocas horas después porque no tenía antecedentes policiales. Aun así le hicieron juicio y lo condenaron a dos años de prisión, pena que nunca cumplió por su carencia de antecedentes.

Fue allí donde se descubrió lo que Ismery había hecho; casarse estando ya casada. Le hicieron un juicio y la condenaron a dos años y diez meses de prisión. A diferencia de su marido, no pudo librarse de la prisión porque ella sí que tenía antecedentes penales. Un año atrás la habían condenado por haberle roto la cara a golpes a una vecina que veía más de la cuenta a su amado esposo, ahora cornudo convicto y confeso.

El matrimonio entre el tío Gustavo e Ismery fue anulado por decisión judicial. Mi padre se hizo cargo de su defensa, y pocos meses más tarde, después de varios recursos judiciales, obtuvo su libertad. Al salir, se volvió a casar con el tío Gustavo, pero una vez que obtuvo el divorcio de su anterior esposo, como debió haberlo hecho desde un principio. Tuvieron tres hijos, aparte de Isaura, la primera, que Gustavo adoptó como propia.

Un buen día, el tío Gustavo se presentó ante mi padre a pedirle que le gestionara el divorcio de Ismery.

«¿Por qué? ¿Qué pasó ahora?» —le preguntó sorprendido.

«Es que esa mujer es terrible. La encontré en nuestra cama, con los niños a su lado viendo la televisión, encaramada sobre un vecino totalmente desnuda, cabalgando desesperada. No me jodió tanto lo que hizo, sino que lo hiciera delante de los niños» —le dijo él.

Esa vez también le confesó que era muy probable que ninguno de los niños fuera suyo, que se lo había montado con decenas de hombres distintos durante aquellos años de convivencia mutua, incluso con sus mejores amigos.

Con los años, el tío Gustavo se volvió a casar con una mujer un poco mayor que él; Lucía. Esta tenía mejor cabeza que la anterior. Nunca le dio los disgustos que sí le dio Ismery.

Bueno amiga, estas son las últimas palabras que escribo aquí en Venezuela antes de tomar el avión para España. "Por ahora", como dijo un chiflado por aquí una vez.

Espero volver algún día a este país. El contacto con estos lugares, sus realidades, su gente, me han ido haciendo sentir cada vez más de aquí, de Venezuela, el país que me vio nacer hace doce años.

Espero volver a escribirte antes de llegar a España, en el avión, donde las horas pasan tan lentas, y las distancias tan de prisa.

SÁBADO 17 DE MARZO DE 2.012

Carta final. El sueño premonitorio. El Neochavismo Español.

Querida Dafne:
Te escribo desde el avión que nos lleva de vuelta a España. Mi padre está durmiendo como un lirón, y yo me he despertado sobresaltada por un sueño, una pesadilla horrible que no me ha dejado descansar.

Soñé que estábamos el año 2.014, y que un hombre muy parecido a Jesucristo había llegado a España diciendo que era el nuevo mesías, el nuevo libertador de Europa, y ofreciéndole a la gente lo mismo que Hugo Chávez le ofrecía al pueblo de Venezuela: que se iba a terminar la corrupción y los poderosos, que se acabaría la diferencia entre ricos y pobres, que todos los españoles iban a tener un salario digno, que se iba a terminar la inflación, el desempleo y la inseguridad, que el pueblo sería feliz por siempre, y que nos íbamos a amar los unos a los otros porque él acabaría con todos los problemas de la sociedad española.

Aquel loco había fundado con otros como él un movimiento político al que pusieron por nombre "Podemos", aunque en realidad preferían que los llamaran "Neochavismo Español: El camino a la felicidad"

El hombre se parecía a Jesucristo en el pelo y la barba, aunque a Hugo Chávez en su discurso. Hasta utilizaba sus mismas palabras.

«Por ahora no hemos conseguidos nuestros objetivos de terminar con las castas de este país» —dijo una vez, emulando lo que dijo Hugo Chávez cuanto intentó dar un golpe de Estado en Venezuela: «Por ahora no hemos conseguido nuestros objetivos..., bla, bla, bla,...»:

Mi padre se despertó, y al verme tan preocupada me preguntó qué me pasaba. Le conté el sueño. Me dijo que no creía que semejante absurdo fuese posible. Que los españoles eran gente muy preparada, que en España no existían los niveles de analfabetismo e irracionalidad que sí había en Venezuela. Que no creía que a estas alturas de evolución de la humanidad, España fuera a regresar a utopías absurdas ya superadas.

«Si el modelo absurdo del chavismo hubiese resuelto alguno de los muchos problemas de los venezolanos, o si los modelos de tipo social - comunista, como el cubano, hubiesen triunfado en algún país del mundo, quizás se pudiese pensar que otros países, como España, pudiese intentar siquiera, encaminarse por esas rutas. Pero, la experiencia de estos años de chavismo, los horrores que sufre el pueblo cubano, y la historia de la evolución de la humanidad, han demostrado que ese no es el camino» —dijo mi padre, tremendamente convencido.

Dios quiera que solo haya sido un mal sueño, y no una premonición catastrófica. Una profecía sobre el comienzo del fin de España. Habiendo visto y vivido lo que hay en Venezuela, una cosa así sería la tragedia más horrible que nos pudiese ocurrir.

Mientras te escribo estas palabras, vienen a mi mente las imágenes de los niños sonriendo en medio de tantas privaciones. Es un recuerdo que ha quedado grabado en mi mente a fuego, con tinta indeleble. Cuando vuelva a España, siempre voy a recordar esas sonrisas vírgenes, despreocupadas, inocentes, apartadas por completo de unas realidades tan duras, tan difíciles.

Otra cosa que creo que no podré olvidar jamás, será el perfume que traía consigo la brisa de Cantaura, el viento de los Changurriales del Morocho Evans, el aroma asilvestrado y mentolado de las flores del mastranto.

– FIN –